Elogios para *El secre*

«En cuanto a mi familia y a mí, siempre he dicho que la granja no es lo que nos hizo felices. En lugar de eso, creo que fue todo lo que ocurrió hasta llegar a ella... y es gracias a ese proceso que somos las personas que somos hoy. Amo a Max Lucado, amo a su familia y me encanta la perspectiva que nos comparte en *El secreto de la felicidad*. Si buscas un llamado de atención o una dosis de sabiduría contemporánea, te invito a leer este libro. En realidad, te invito a leerlos todos; estarás feliz de haberlo hecho».

—Chip Gaines, cofundador de Magnolia

«En un mundo donde la felicidad se ha convertido en algo voluble y efímero, Max nos hace volver al camino de Jesús hacia la felicidad, cuya raíz está en el gozo verdadero y en el amor hacia los demás. *El secreto de la felicidad* te desafiará a enfocarte menos en ti mismo y tus circunstancias y más en nuestro buen Dios, la verdadera fuente de nuestro gozo».

—Christine Caine, escritora *best seller*;
fundadora, A21 y Propel Women

«En una generación que batalla contra la comparación y busca desesperadamente la alegría, Max comunica de hermosa manera la simplicidad de la felicidad en su nuevo libro, *El secreto de la felicidad*. El llamado a ser gentiles e intencionadamente considerados se extiende a todos nosotros. Es un mensaje que llega justo a tiempo y que todos necesitamos».

—Kim Walker-Smith, Jesus Culture

«¡Max lo hizo otra vez! Este libro está repleto de recordatorios simples de los enormes dividendos que rinden los pequeños actos de amabilidad en nuestra propia felicidad, para luego impactar la vida de aquellos que frecuentamos en nuestro diario vivir».

—DAVID GREEN, GERENTE GENERAL, HOBBY LOBBY STORES, INC.

«Hay un motivo por el que mi amigo, Max Lucado, es uno de los autores cristianos *best seller* de todos los tiempos. Sus palabras nos tocan el corazón, con un sutil susurro que, con el tiempo, se convierte en cataratas que rugen la libertad y el amor del Padre. *El secreto de la felicidad* te deleitará y te despertará, llevándote a una paz y un propósito mayores que los que hayas conocido».

—LOUIE GIGLIO, PASTOR DE LA IGLESIA PASSION CITY, PASSION CONFERENCES, ESCRITOR DE *NOT FORSAKEN* Y *GOLIAT DEBE CAER*

«Los libros de Max Lucado siempre examinan nuestros corazones, almas y comportamiento hacia los demás. Su último libro, *El secreto de la felicidad*, no es diferente, pues enseña que ayudar a otros nos alegra el corazón y nos trae felicidad. Él utiliza las Escritura para enseñarnos cómo llevar alegría y felicidad a aquellos que nos rodean. En uno de los capítulos, Max expresa que «hacer el bien hace bien a quien lo hace bien», con lo que estoy muy de acuerdo».

—DELILAH, AUTORA Y PERSONALIDAD DE LA RADIO

«Max Lucado, uno de los principales escritores cristianos de nuestro tiempo, ha escrito un maravilloso libro sobre uno de los temas más importantes de la vida del ser humano: la felicidad. Por mucho tiempo he argumentado que los felices hacen del mundo un lugar mejor y que los infelices lo empeoran. Por lo tanto, este libro puede hacer que el mundo mejore. Espero que lo lean millones de personas. Y si bien está escrito desde una perspectiva cristiana, cualquier persona de cualquier fe, o sin fe, resultará muy beneficiada por leerlo. Soy judío y me encantó».

—DENNIS PRAGER, ANFITRIÓN DE RADIO SINDICADO A NIVEL NACIONAL Y ESCRITOR DE LIBROS BEST SELLER DEL NEW YORK TIMES

«Era estudiante universitario, me encontraba en casa por el receso de verano y trabajaba medio tiempo en mi iglesia. Mi papá, el pastor, me animó a comenzar las mañanas con un tiempo de reflexión. Además, me entregó una pila de libros de Max Lucado. Los leí uno por uno, de tapa a tapa. El talento narrativo y las potentes enseñanzas de Max me ministraron en ese entonces; hoy en día, sus libros siguen acompañando mis tiempos de reflexión. Me sentí muy desafiado por El secreto de la felicidad y por el recordatorio, capítulo tras capítulo, de que, al amar a otros, podríamos causar una "silenciosa revolución de alegría". Gracias, Max, por seguir hablándome».

—MATHEW WEST, GANADOR DEL PREMIO DOVE Y CUATRO VECES NOMINADO PARA EL PREMIO GRAMMY

«Como líder que entrena a otros para abrazar completamente su vocación, he aprendido de primera mano cuán escurridiza puede ser la felicidad si es separada de un corazón compasivo y un espíritu generoso. Con la brillantez típica de Max Lucado, *El secreto de la felicidad* pone fin a nuestras suposiciones y cariñosamente nos invita a vivir con más plenitud, a la manera de Jesús. Durante este proceso encontraremos lo que hemos buscado todo el tiempo: la verdadera felicidad».

—Kadi Cole, Consultora de liderazgo y autora de
Desarrollando líderes femeninas, Kadicole.com

«La genialidad de Max consiste en la habilidad de usar la Palabra de Dios de forma expositiva, para que nosotros podamos aplicarla fácilmente en nuestra vida. El libro *El secreto de la felicidad* es otro ejemplo de cómo Dios nos habla a través de Max».

—Lance Barrow, coordinador de producción, *Golf CBS Sports*

«Mi amigo, Max Lucado, es uno de los campeones de la fe más respetados y admirados de esta generación. Su conocimiento bíblico es de larga data y él es un escritor prolífico y un orador muy solicitado. Max es líder, mentor e inspiración para millones de creyentes en todo el mundo».

–Joel Osteen, pastor principal de la iglesia Lakewood

«¡Guau! El mundo busca algo: contentamiento, felicidad, alegría o lo que sea. Max Lucado nos recuerda que el lugar donde buscamos forma lo que encontramos. Como siempre lo hace Max, explica lo que necesitamos saber sobre la felicidad y luego nos guía en la dirección correcta. Entenderás mejor lo que es la felicidad y será de gran bendición para ti».

—Ed Stetzer, Billy Graham Center, Wheaton College

MAX LUCADO

El secreto de la felicidad

Publicaciones de Max Lucado en español

Inspiradores

3:16
Acércate sediento
Aligere su equipaje
Al entrar al cielo
Antes del amén
Aplauso del cielo
Como Jesús
Con razón lo llaman el Salvador
Cuando Cristo venga
Cuando Dios susurra tu nombre
Cura para la vida común
Dios se acercó
Él escogió clavos
El trueno apacible
En el ojo de la tormenta
Enfrente sus gigantes
En manos de la gracia
Esperanza inamovible
Gente común: perdidos y hallados
Gracia
Gran día cada día
La gran casa de Dios
Lecturas inspiradoras de Lucado
Más allá de tu vida
Max habla sobre la vida
Mi Salvador y vecino
No se trata de mí
Saldrás de esta
Segundas oportunidades
Seis horas de un viernes
Sin temor
Todavía remueve piedras
Un amor que puedes compartir
Y los ángeles guardaron silencio

Ficción

La historia de un ángel
La vela de Navidad

Libros de regalo

El regalo para todo el mundo
Esperanza. Pura y sencilla
Gracia para todo momento, vols. I y II
Para estos tiempos difíciles
Promesas inspiradoras de Dios
Ser papá
Su gracia vive aquí
Un cafecito con Max

Libros infantiles

Buzby, la abeja mal portada
El corderito tullido
Flo la mosca mentirosa
Hermie, una oruga común
Hermie y sus amigos del jardín
Hermie y Wormie en un diluvio de mentiras
Por si lo querías saber
Stanley una chinche apestosa
Webster, la arañita miedosa

Biblias (Editor general)

Biblia Gracia para el momento

MAX LUCADO

El secreto de la felicidad

Gozo duradero en un mundo de comparaciones,
decepciones y expectativas insatisfechas

GRUPO NELSON
Desde 1798

NASHVILLE   MÉXICO DF.   RÍO DE JANEIRO

Editora en Jefe: *Graciela Lelli*
Traducción: *Eileen Moënne Figueroa*
Adaptación del diseño al español: *Grupo Nivel Uno, Inc.*

ISBN: 978-1-40411-016-8

Impreso en Estados Unidos de América
19 20 21 22 23 LSC 8 7 6 5 4 3 2 1

Para Jim Barker

Durante veinticinco años me has enseñado, me has pastoreado y has tratado de corregir mi golpe de golf.

Dos de tres no están mal.

Gracias, amigo.

Contenido

Agradecimientos

Un *¡viva y un hurra!* resonantes para...

Karen Hill y Liz Heaney, editoras invaluables, que saben persuadir a este autor, terco como una mula, para que siga subiendo el cerro.

Carol Bartley, revisora incomparable, quien es a los errores lo que Sherlock es a las pistas. No se le pasa ninguna.

Steve Green y Cheryl Green, amigos y socios por más de cuarenta años. Es una relación que valoramos.

El equipo de superestrellas de HCCP: Mark Schoenwald, David Moberg, Brian Hampton, Mark Glesne, Jessalyn Foggy, Janene McIvor y Laura Minchew.

Los gerentes del equipo de marca, Greg Ligon y Susan Ligon. Todo autor necesita una dupla «Greg-Susan», especialmente el que escribe.

AGRADECIMIENTOS

Dave Treat, gracias por orar persistentemente por este manuscrito y muchos otros.

Las asistentes administrativas Janie Padilla y Margaret Mechinus. Por todo lo que sé que hacen y por las muchas otras cosas que no sé, ¡gracias!

Al personal y a los ancianos de Oak Hills Church. Son fieles, firmes y muy divertidos.

Ed Blakey y Becky Blakey. Gracias por tu excesiva hospitalidad y por dejarme usar tu estudio ED-itorial.

Brett, Jenna, Rosie y Max; Andrea; Jeff y Sara. Nuestra maravillosa familia. Es imposible amarlos más.

Y Denalyn, mi querida esposa. ¿Cuál es el secreto de la felicidad? Simple. Casarse con Denalyn. Claramente a mí me funcionó. Te amo.

1

Una puerta inesperada hacia la alegría

on las 06:00 de la mañana en la ciudad de Hamilton, Bermudas. Johnny Barnes, de noventa y dos años, se para al borde de la rotonda y saluda a las personas que pasan en automóvil. Está ahí desde antes de las 04:00. Y va a seguir ahí hasta las 10:00. No está pidiendo comida ni dinero. No está protestando, quejándose, haciendo huelga ni vagando.

Está haciendo feliz a la gente.

Lleva puesto un sobrero de paja y luce una barba playera. Sus ojos son luminosos, sus dientes blancos y su piel está curtida y oscura. Los años le han curvado la espalda y desacelerado los pasos. Pero no le han robado la alegría. Saluda con ambas manos extendidas hacia el frente. Hace girar las muñecas de lado a lado como si quisiera ajustar el volumen del equipo de sonido.

Encoje la mano derecha para capturar un beso y soplarlo hacia un taxista o un pasajero. Grita:

«¡Los quiero! ¡Los querré por siempre! ¡Hola, querida! ¡Te quiero!».

¡Y les encanta! Los bermudenses lo llaman Señor Feliz. Ajustan su ruta de la mañana para poder verlo. Si Johnny no está en su puesto, la gente llama a la estación de radio para saber si se encuentra bien. Si no alcanzan a recibir un saludo, a menudo, siguen dando vuelta a la rotonda hasta que Johnny los saluda. Una mañana, una mujer que estaba de muy mal humor se decidió a no tener contacto visual con él. Quería sumirse en su mal humor. Pero terminó mirando en dirección a Johnny. Cuando él sonrío, ella también.

Otra actitud amarga quedaba aniquilada.

La filosofía de Johnny es simple. «Los seres humanos tenemos que aprender a amarnos los unos a los otros. Una de las alegrías más grandes que puede experimentar un individuo es cuando hace algo para ayudar a otros».[1]

¿No te encantaría conocer a una persona como él?

Mejor aún, ¿te gustaría ser como él?

¿Desde cuándo no sientes un nivel de felicidad contagioso, pegadizo, imperturbable e imparable? Tal vez tu respuesta sea «siempre me siento así». En tal caso, que Dios te bendiga. (Y considera pasarle este libro a alguien que lo necesite). Para muchos de nosotros, quizás para la mayoría, la respuesta sea esta: «Bueno, desde hace un tiempo. Antes era feliz, pero la vida ha hecho mella en mí».

«La enfermedad me dejó sin salud».

«La economía me dejó sin trabajo».

«Ese(a) infeliz me dejó sin corazón».

Y, como resultado, algo nos robó la felicidad. Parece algo tan frágil esta alegría. Un día la tenemos. Mañana queda desperdigada por los vientos de una tormenta.

Aun así seguimos buscándola, anhelándola, esa sensación de contentamiento y bienestar. En todas partes del mundo las personas profesan que la felicidad es su meta más preciada.[2] En la tricentenaria Universidad de Yale, la clase más popular es sobre la felicidad.[3] Las portadas de las revistas prometen de todo, desde felicidad sexual hasta contentamiento financiero. Busqué *happy hour* [hora feliz] en Google y, en un segundo, setenta y cinco millones de opciones me pedían un clic.

Las empresas de mercadeo están conscientes de esto. Los comerciales televisivos prometen grandes cosas. ¿Quieres ser feliz? Compra nuestra crema de manos. ¿Quieres estar contento? Duerme en este colchón. ¿Deseas una dosis de placer? Come en este restaurante, conduce este automóvil, ponte este vestido. Casi todas las estrategias publicitarias retratan la imagen de una persona llena de felicidad, incluso en un comercial del ungüento *Preparation H* para las hemorroides. Antes de usar el producto, el tipo aparece con mala cara cuando se sienta. Después, se convierte en la imagen de la dicha. ¿Será que la *H* es por *hiperfeliz*?

La felicidad... Todos la anhelan.

Y todos se pueden beneficiar de ella. Las personas felices tienen más probabilidades de tener matrimonios fuertes, menos probabilidades de divorciarse y un mejor desempeño. También disfrutan de mejor salud, porque tienen un sistema inmunológico fuerte.[4] En un estudio se descubrió que existe una correlación entre ser feliz y tener los bolsillos más llenos.[5] En un análisis de veinticinco estudios, se concluyó que las personas felices son líderes más eficaces que las personas negativas.[6] Por lo visto, la felicidad ayuda a todos.

Sin embargo, menos personas logran encontrarla. Solo un tercio de los estadounidenses encuestados declaró ser feliz. En las nueve décadas de historia de la *Harry Poll Survey of American Happines* [Encuesta de Harry Poll sobre felicidad de los estadounidenses], el índice más alto fue de treinta y cinco por ciento. Esto significa que dos de cada tres personas se ven eclipsadas por una nube de sombras perpetuas.[7] Las sonrisas están escaseando. Según algunas estimaciones, la depresión clínica está diez veces peor que hace cien años.[8] La Organización Mundial de la Salud pronostica que, para el año 2020 «la depresión se convertirá en la segunda causa principal de las enfermedades en el mundo».[9]

Solía ocurrir que las personas mayores eran más felices. Las personas de sesenta y setenta años, generalmente sacaban un puntaje más alto en las áreas de contentamiento con la vida y agradecimiento por esta. Pero esto ha cambiado. Parece que la edad ya no trae la satisfacción que daba antes.[10]

¿Cómo es esto posible? La educación es accesible para la mayoría. Se han logrado avances en todo, desde la medicina hasta la tecnología y, aun así, sesenta y seis por ciento de nosotros no puede encontrar una razón suficiente para responder positivamente el cuestionario de la felicidad.

¿Será la genética la culpable? No al grado que podríamos pensar. La herencia genética puede influir tanto como el cincuenta por ciento de nuestras tendencias. Incluso, si esta cifra fuera acertada, quedaría el otro cincuenta por ciento bajo nuestro dominio.[11]

¿Qué es lo que pasa? ¿Cómo explicamos esa tristeza? Si bien las respuestas son variadas y complejas, entre ellas debe de estar esta idea: estamos usando la puerta incorrecta.

La puerta de enfrente, que a menudo usamos para ser feliz, es la que describen las empresas de publicidad: adquirir, jubilarse, aspirar a tener un auto más rápido, vestirse más a la moda y beber más. La felicidad depende de lo que tienes colgado en el armario, de lo que está estacionado en el garaje, de lo que luces en el muro de los trofeos, de lo que está depositado en tu cuenta bancaria, de lo que experimentas en el dormitorio, de lo que llevas puesto en el dedo anular o de lo que sirves en la mesa. La felicidad llega cuando pierdes peso, logras tener una cita, encuentras a la persona indicada o descubres tu destino. Esta puerta de enfrente hacia la felicidad es bastante amplia.

Pero a pesar de eso, no cumple con lo prometido.

En un estudio clásico, los psicólogos determinaron que los recientes ganadores de la lotería estatal de Illinois no eran más felices que quienes habían quedado discapacitados en un accidente reciente. A ambos grupos se les pidió «calificar la cantidad de placer que experimentaban en las actividades diarias: cosas pequeñas pero placenteras como conversar con un(a) amigo(a), ver televisión, desayunar, reírse de un chiste o recibir un cumplido. Cuando los investigadores analizaron los resultados, descubrieron que, haciendo las mismas actividades, las víctimas del accidente experimentaban más felicidad que los ganadores de la lotería».[12]

Hasta la emoción de ganar la lotería se desvanece.

Tener más dinero hace a las personas verdaderamente pobres más felices en la medida que alivia las presiones de la vida diaria, como tener suficiente para comer, tener un lugar para vivir, costearse los gastos médicos. Pero, una vez que alcanzan un nivel socioeconómico medio, incluso obtener ganancias financieras grandes no hace que la felicidad aumente mucho, si es que logra aumentarla.[13] Los estadounidenses que ganan más de diez millones de dólares anuales muestran un nivel de felicidad levemente superior al de los trabajadores que tienen en sus empresas.[14] Como dijo un profesor de Harvard: «Creemos que el dinero puede hacernos muy felices por mucho tiempo, pero en realidad nos hace un poco felices por poco tiempo».[15]

Todos hemos visto campesinos felices y millonarios tristes, ¿no es cierto?

Existe otra opción. No requiere de tarjetas de crédito ni de salario mensual ni de grandes fortunas. No exige pasajes de avión ni reservaciones de hotel. No demanda doctorados, títulos de medicina ni tener pedigrí de sangre azul. La edad, la etnia y el género no son factores significativos. No es obligatorio estar en un clima templado, ver cielos azules ni usar bótox. ¿Te faltan recursos para una terapia psicológica, una cirugía plástica o una terapia hormonal? No hay problema. No tienes que cambiarte de trabajo, cambiarte de ciudad, cambiar tu apariencia ni cambiarte de barrio.

Pero es probable que tengas que cambiar de puerta.

El lema de la puerta de enfrente versa: «La felicidad llega cuando recibes». El letrero de la puerta trasera, la menos usada, dice: «La felicidad llega cuando das».

Hacer bien hace bien al que lo hace bien.

Hay investigaciones que respaldan esto.

Algunos voluntarios fueron sometidos a un escáner de resonancia magnética funcional y cuando les dijeron que iban a dar dinero a la caridad, las áreas del cerebro relacionadas con el placer, como la comida y el sexo, se iluminaron como árbol de Navidad. Prestar ayuda a otros genera dopamina.[16] (¿Será el nuevo eslogan para recaudar fondos, tal vez?).

En otro estudio, un equipo de psicólogos sociales resumió en ocho denominadores comunes los factores que inciden en la felicidad. Dos de los tres primeros contemplaban el ayudar a otros. Las personas satisfechas y felices «dedican gran parte del tiempo a estar con familiares y amigos, a nutrir y disfrutar esas relaciones» y «a menudo son las primeras en ofrecer ayuda a sus colegas y a los transeúntes».[17]

¿Buscas alegría? Haz algo bueno por otro. Recién hoy me encontré con un ejemplo dulce de esta verdad. Me reuní con un esposo y una hija para planificar el funeral de la esposa y madre de ambos respectivamente. Patty era el retrato de la generosidad. Tratamos de imaginarnos a cuántos niños había abrazado, los pañales que había cambiado, los niños a los que había enseñado y los corazones a los que había animado. Verla sonreír era ver el hielo invernal derritiéndose en primavera.

Tres meses antes, una afección al cerebro la había dejado sin poder hablar, parcialmente paralizada y viviendo en un centro de rehabilitación.

Su espíritu se hundió tan profundo, que no quería comer y tenía problemas para dormir. Un día su hija tuvo una idea. Sentó a su madre en una silla de ruedas y la llevó de habitación en habitación, buscando personas que necesitaran recibir aliento. No tomó mucho tiempo.

Aunque no podía hablar, Patty podía tocar y orar. Así es que hizo las dos cosas. Les daba palmaditas a los otros pacientes, les ponía la mano en el corazón e inclinaba la cabeza. Gran parte de la tarde se paseó por todo el centro de rehabilitación tocando a la gente y orando por ellas. Esa noche le volvió el apetito y durmió tranquilamente.

Las palabras de Jesús dan en el clavo: «Más bienaventurado es dar que recibir» (Hechos 20.35). Porque, cuando lo haces, tiene un efecto búmeran. La felicidad llega cuando la regalamos.

Estas son grandes noticias. No puedes controlar la genética. No tienes control del clima, ni del tráfico, ni del que preside el gobierno. Pero siempre puedes aumentar el número de sonrisas en el planeta. Puedes bajar el nivel de ira de tu ciudad. Tú, sí tú, puedes ayudar a la gente a dormir mejor, a reírse más, a tararear en lugar de refunfuñar, a caminar en vez de tropezar. Puedes aliviarle la carga e iluminarle el día a otro ser humano. Y no te sorprendas cuando seas tú quien comience a descubrir una nueva alegría. De eso se trata este libro, de una puerta inesperada hacia la alegría.

Y en la entrada, esperando para darte la bienvenida, está Jesús de Nazaret.

A Jesús lo acusaron de muchas cosas, pero nunca se le describió como un gruñón, un amargado o un idiota egocéntrico. La gente no se quejaba cuando aparecía. No se agachaba para esconderse cuando él llegaba.

Él los llamó por su nombre.

Escuchó sus historias.

Respondió sus preguntas.

Visitó a sus familiares enfermos y ayudó a sus amigos enfermos.

Pescó con los pescadores, almorzó con un chico de baja estatura y pronunció palabras resonantes de reafirmación. Asistió a bodas. Incluso, en una de ellas, lo dejaron a cargo de la lista de vinos. Fue a tantas fiestas que lo criticaron por juntarse con pendencieros y personas de reputación cuestionable. Miles se acercaron a escucharlo. Cientos decidieron seguirlo. Cerraron sus negocios y dejaron sus profesiones para estar con él. El propósito de Jesús era este: «Vine a darles vida con alegría y abundancia» (Juan 10.10, traducción libre de THE VOICE). Jesús es feliz y quiere que seamos felices también.

Cuando los ángeles anunciaron la llegada del Mesías, proclamaron «buenas noticias de gran gozo» (Lucas 2.10,), no «malas ni pesarosas noticias». En las Escrituras hay más de 2.700 pasajes que contienen palabras como *gozo, felicidad, alegría, júbilo, placer, aclamación, celebración, risas, deleite, alborozo, regocijo, festín, bendición y exultación*.[18] A Dios le interesa nuestro nivel de alegría.

Este no es un llamado a hablar de la felicidad de manera ingenua o superficial. Jesús habló francamente del pecado, de la muerte y de las necesidades del corazón humano. Pero lo hizo con esperanza. Llevó alegría a las personas de la Palestina del primer siglo. Y quiere traer alegría a las personas de esta generación y, para cumplir con esa labor, tiene en su lista algunos agentes especiales de la felicidad. Te tiene a ti y a mí.

No es tarea fácil. En nuestro mundo, las personas son malhumoradas, volubles y tercas. Con eso describo al marido de mi esposa. Si queremos encontrar esa alegría que proviene de regalar alegría, necesitamos un plan. Necesitamos instrucción. Con razón la Biblia tiene tanto que decir sobre cómo encontrar la alegría en el acto de compartirla. En el Nuevo Testamento existen más de cincuenta oraciones con la frase «unos a otros» (o similares), principios prácticos para generar felicidad. Los condensé en una lista de diez.

1. Animarse unos a otros (1 Tesalonicenses 5.11).
2. Soportarse los unos a los otros (Efesios 4.2).
3. Estimar cada uno a los demás como superiores a sí mismo (Filipenses 2.3).
4. Saludarse los unos a los otros (Romanos 16.16).
5. Orar unos por otros (Santiago 5.16).
6. Servirse los unos a los otros (Gálatas 5.13).
7. Aceptarse los unos a los otros (Romanos 15.7).
8. Exhortarse unos a otros (Colosenses 3.16).
9. Perdonarse unos a otros (Efesios 4.32).
10. Amarse unos a otros (1 Juan 3.11).

Abramos la puerta de cada uno de estos pasajes y embarquémonos en un proyecto de felicidad. Creo que descubrirás lo que la Biblia enseña y lo que las investigaciones afirman: hacer bien hace bien al que lo hace bien.

Tú y yo tenemos nuestra morada en un planeta solitario. En cada edificio de oficinas hay corazones rotos. El desánimo está momificando un sinnúmero de vidas. El mundo está desesperado, sí, desesperado, por recibir una algarada de bondad. No podemos resolver todos los problemas de la sociedad, pero podemos poner una sonrisa en unos cuantos rostros. Y ¿quién sabe? Si logras iluminar un rincón del mundo y yo hago lo mismo con el mío, podría surgir una silenciosa revolución de alegría.

2

¡Chócalas, Rocky!

Por eso, anímense
y edifíquense unos a otros.

—1 Tesalonicenses 5.11, NVI

Mi hermano mayor tenía la costumbre de molestarme. Para Dee, el día no estaba completo si no hacía del mío una miseria. Me hacía zancadillas cuando entraba a alguna parte. Jalaba hasta atrás las ropas de mi cama recién hecha. Luchaba conmigo hasta llevarme al piso y se me sentaba sobre el pecho hasta dejarme sin poder respirar. Cuando su bicicleta tenía una rueda desinflada, me robaba la mía. Cuando comíamos, me daba patadas debajo de la mesa y, cuando yo lo pateaba de vuelta, él fingía inocencia y me pillaban a mí. Gracias a él, aprendí el significado del término *calzón chino*. Me robaba la mesada. Me decía afeminado. Me lanzaba hierbas con espinas. Cuando se levantaba en la mañana, pensaba: *¿Cómo puedo molestar hoy a Max?*

Pero todas sus payasadas crueles quedaron compensadas con un gran acto de gracia. Me eligió para jugar en su equipo de béisbol.

Mamá le había asignado deberes de hermano mayor ese día de verano. Si me dejaba seguirlo a todas partes, tenía permiso para ir al parque. Se quejó pero cedió. No se iba a perder su juego de béisbol diario. Tomamos los bates, las gorras y los guantes. Nos subimos de un salto a las bicicletas y nos fuimos de carreras al diamante de béisbol. Cuando llegamos, el lugar estaba plagado de niños.

Cuando hubo que elegir equipos, me fui hacia atrás de los otros y me preparé para lo peor.

La selección de equipos era suficiente para cicatrizar el alma de un niño. Funciona así. Dos jugadores que, presumiblemente, son los mejores deportistas, comienzan a llamar por nombre. «Yo elijo a Johnny». «Yo me quedo con Tommy». «Yo quiero a Jason». «Yo juego con Eric».

Johnny, Tommy, Jason y Eric se pavonean y fanfarronean mientras se dirigen hacia sus respectivos capitanes y hacen una pose de niño genial. Se lo merecen. Los eligieron primero.

El proceso de selección continúa, uno por uno, hasta que queda el último niño. Ese día, ese niño, recién me enteraba, tenía pecas y cabello pelirrojo. En la escala social del béisbol estival, yo pendía del peldaño más bajo.

Todos los demás cursaban del quinto al octavo año; yo estaba en tercero. Todos los demás podían maniobrar el bate de béisbol. Yo nunca había bateado ninguna pelota. Todos los demás podían lanzar, atrapar la pelota y robar bases. Yo tenía un brazo de trapo, era lento para atrapar la pelota y tenía pies de ladrillo.

Pero ocurrió un milagro. Cuando los ángeles conversan sobre los poderosos actos de intervención divina, el siguiente momento completa la lista. Junto con las historias del mar Rojo que se abrió en dos y la de Lázaro que estuvo muerto y después no, está el día en que mi hermano me escogió. No de los primeros eso sí. Pero lejos del último. Todavía estaba lleno de chicos buenos que escoger. Pero por alguna razón que solo él y Dios conocen, me escogió a mí.

Anunció: «Elijo a Max».

Se propagó un murmullo entre la multitud: «¿Max?» «¿Ese Max?». Si hubiese sido una escena de película, el grupo se habría dividido en dos y la cámara se habría enfocado en el pequeño de gorra roja. Los ojos se me abrieron como sandías.

—¿Quién, yo?

—¡Sí, tú! —mi hermano me ladró, como para restarle importancia a su generosidad.

Incliné la cabeza hacia el lado, sonreí como Elvis, me pavoneé delante del triste y patético grupo de jugadores que no habían sido escogidos y me paré al lado de mi héroe inesperado. En lo que demoró en decir mi nombre, pasé de la parte trasera de la pandilla a la parte de enfrente, todo porque él me escogió.

Dee no me eligió porque yo fuera bueno. No me seleccionó por mis habilidades ni mis conocimientos de béisbol. Dijo mi nombre por una sola razón. Era mi hermano mayor. Y desde ese día, decidió ser un buen hermano mayor.

El Nuevo Testamento tiene una palabra para este tipo de actividad: *animar*. «Por eso, anímense y edifíquense unos a otros, tal como lo vienen haciendo» (1 Tesalonicenses 5.11, NVI).

Dios hace eso mismo. Él es «el Dios que infunde aliento y perseverancia» (Romanos 15.5, NVI).

Jesús también lo hace. «A él y a nuestro Señor Jesucristo les pido que les den ánimo y fuerzas, para que siempre digan y hagan lo bueno» (2 Tesalonicenses 2.16, 17, TLA).

Cuando en Juan 14—16, Jesús nos presenta al Espíritu Santo, lo llama *paraklétos*, forma sustantiva de la misma palabra que significa animar.[1]

Las Escrituras nos animan. «Todo lo que está escrito en la Biblia es para enseñarnos. Lo que ella nos dice nos ayuda a tener ánimo y paciencia...» (Romanos 15.4, TLA).

Los santos en el cielo nos animan. «Por lo tanto, ya que estamos rodeados por una enorme multitud de testigos de la vida de fe, quitémonos todo peso que nos impida correr, especialmente el pecado que tan fácilmente nos hace tropezar. Y corramos con perseverancia la carrera que Dios nos ha puesto por delante» (Hebreos 12.1, NTV). Una multitud de hijos de Dios nos alienta constantemente. Como espectadores en una tribuna, «una multitud de testigos» aplaude desde los cielos, llamándonos para que terminemos con fuerza.

El Padre, el Hijo y el Espíritu Santo, las santas Escrituras, los santos. Dios le da una importancia especial a brindar ánimo.

Brindamos ánimo cuando «nos ponemos junto a ellos y los llamamos por su nombre». Al menos esa es la impresión que sacamos de la definición griega. El sustantivo *paraklēsis* es la combinación de *para* (junto a) y *kaleō* (llamar).[2]

Jesús lo modeló.

Pedro era el discípulo impetuoso. Era dado a hablar muy pronto y a jactarse mucho. Aun así Jesús vio algo en el corazón de ese pescador irascible que le daba mérito para ser llamado.

Al llegar Jesús a la región de Cesarea de Filipo, preguntó a sus discípulos, diciendo: ¿Quién dicen los hombres que es el Hijo del Hombre? Ellos dijeron: Unos, que Juan el Bautista; otros, que Elías; y otros, que Jeremías, o alguno de los profetas. Él les dijo: Y vosotros, ¿quién decís que soy yo? Respondiendo Simón Pedro, dijo: Tú eres el Cristo, el Hijo del Dios viviente. (Mateo 16.13-16)

Cesarea de Filipo se encontraba exactamente en la frontera entre Israel y el mundo de los gentiles. Atraía caravanas y peregrinos desde Etiopía hasta lo que sería la Turquía de hoy por el norte. Al igual que cualquier ciudad de la antigua Palestina, esta era un crisol.

Es muy probable que los seguidores de Jesús, de vida sencilla, hayan quedado muy sorprendidos por el estilo cosmopolita de la ciudad. Habrían oído el encanto de las mujeres y los sonidos de las tabernas y habrían sentido el aroma de las exquisiteces extranjeras. Pero, más que todo, habrían visto los templos. La religión era para Cesarea de Filipo lo que los productos agrícolas eran para los comerciantes callejeros. Ahí se adoraba todo tipo de deidades.

Fue en esa vorágine de religiones y culturas donde Jesús les preguntó a sus seguidores: «¿Quién dicen ustedes que soy?». Oigo el silencio de los discípulos. Alguien se despeja la garganta. Oigo un suspiro o dos o diez. Veo que bajan la mirada, dejan caer los hombros y agachan la cabeza.

Finalmente Pedro dice algo. Podemos imaginar una pausa prolongada, después de la cual dice las palabras más audaces que él, o quizás nadie, jamás había dicho. Miró al rabí sin dinero de Galilea y dijo: «Tú eres el Cristo, el Hijo del Dios viviente» (Mateo 16.16).

Por definición, *Cristo* significa ungido, escogido. El Cristo, en la mentalidad hebrea, no era solo el mejor de la clase, sino la clase misma. No era la palabra final; era la única Palabra. Pedro osó declarar que Jesús era el Cristo.

Jesús prácticamente saltó de alegría ante tal confesión: «Bienaventurado eres, Simón, hijo de Jonás...» (Mateo 16.17). En lenguaje actual sería algo así: «¡Eso es! ¡Tú sí que sabes! ¡Chócalas! ¡Diste en el clavo!». Jesús le dio a Pedro lo que sería equivalente a una ovación de pie, o tal vez un choque de pecho. Es como si hubiese abrazado el fornido cuerpo del pescador y exprimido de él todo rastro de duda persistente.

Incluso le cambió el nombre a este apóstol. Simón ahora se llamaría Pedro, nombre que es el familiar más cercano a *petros* o Rocky. Simón, el hombre que expresó una fe como una roca sólida, necesitaba un nombre sólido como la roca. Así es que Jesús se lo dio.

¿Cómo crees que hizo sentir a Pedro esa explosión de reafirmación? Cuando sus amigos comenzaron a llamarle Rocky, cuando Jesús le ponía un brazo alrededor del hombro y le decía «te amo, Rocky», cuando se quedaba dormido en la noche pensando en su nuevo nombre, Rocky, ¿crees que se sentía animado? Por supuesto que sí.

Jesús hizo con Pedro lo que hacen los animadores. Convocó a los mejores. Edificó a Pedro. Con la habilidad de un cantero, las personas que animan apilan rocas de reafirmación e inspiración.

Sus esfuerzos dan grandes frutos. Tras décadas de investigación sobre el matrimonio, el doctor John Gottman identificó una característica interesante de las parejas felices. Los hogares sanos disfrutan una proporción positivo-negativa de cinco a uno. En otras palabras, por cada comentario negativo o crítica, hay cinco actos o palabras de ánimo.[3]

Se observaron resultados similares en los equipos comerciales. En un estudio sobre estilos de liderazgo eficaz, se descubrió que los equipos de alto rendimiento experimentan una proporción positivo-negativa de casi seis comentarios positivos por uno negativo. De modo contrario, los equipos de bajo rendimiento tenían un promedio de tres comentarios negativos por cada positivo.[4]

Recibir ánimo intencionado ha impactado mi vida. Llevaba tres años como ministro principal de nuestra iglesia, cuando un ex ministro principal regresó, no solo para vivir en nuestra ciudad, sino también para servir como parte de nuestro personal. Charles Prince tenía treinta años más de experiencia que yo, había estudiado en Harvard y era miembro de Mensa, la sociedad internacional de superdotados. Yo tenía treinta y cinco, era principiante y miembro fundador de la *Dense Society*. Nuestra relación podría haber sido incómoda e intimidante, pero Charles previno el estrés con una visita a mi oficina, durante la cual me dijo: «No habrá tensión en nuestra relación. Voy a ser tu porrista más grande».

¡Y lo fue! Por veinticinco años, justo hasta el día en que murió, pude contar con una palmadita en la espalda, posterior a cada sermón. «¡Cada semana mejoras más!». Lo encontraba difícil de creer, pero siempre lo valoré.

Ese tipo de ánimo genera un efecto como el de Miguel Ángel. El escultor vio la figura de David dentro del mármol y la esculpió. Las personas que animan ven la mejor versión de ti y la invitan a salir no con un cincel, sino con palabras de reafirmación.

La doctora Barbara Fredrickson, autora de *Vida positiva* y psicóloga social de Carolina del Norte, Estados Unidos, afirma que las emociones positivas incrementan nuestra capacidad de reconocer la realidad, lo que nos permite ver el panorama general y expandir nuestra visión periférica. Al abrir la mente, las emociones positivas nos ayudan a fortalecer nuestras relaciones e incluso a mejorar nuestra salud física, porque nos aumentan la energía. En contraste, los estados neutros tienden a limitar nuestra mentalidad y las emociones negativas la contraen mucho más.[5]

Dicho de otra forma, si un entrenador de fútbol quiere aumentar las probabilidades de que una jugadora falle en anotar goles, debe enojarse y gritarle. Si el entrenador quiere que la jugadora vuelva al partido con una visión mejor, debe darle palabras de reafirmación. «Las personas encuentran la manera de convertirse en lo que las motivas a ser, no en lo que las obligas a ser».[6]

Un niño pequeño le dijo esto a su padre: «Papá, juguemos a los dardos. Yo los lanzo y tú dices "¡maravilloso!"».

Todos necesitamos escuchar un «maravilloso». He aquí el motivo. Hay una conspiración de *des*ánimo en marcha. Las empresas gastan miles de millones de dólares para convencernos de que somos deficientes e insuficientes. Para vender cremas para la piel, nos dicen que tenemos arrugas en el rostro. Para vender nuevas prendas de vestir, dicen que las nuestras están pasadas de moda. Para vender tintes para el cabello, tienen que persuadirnos de que lo tenemos decolorado. Las empresas de mercadeo emplean las mentes más brillantes y los bolsillos más acaudalados para convencer a nuestra generación de que estamos rellenitos, de que olemos mal, de que somos feos y de que estamos pasados de moda. ¡Estamos bajo ataque!

Nos podemos sentir identificados con dos vacas que están pastando y ven pasar un camión de leche. Por el costado del camión se ven las palabras «pasteurizada, homogeneizada, estandarizada, con vitamina A». Al notar eso, una vaca le dice a la otra: «Como que te hace sentir insuficiente, ¿no es cierto?».

Esa sensación de insuficiencia vive dentro de miles de millones de corazones.

¿Quién le dirá la verdad a la gente? ¿Lo harás tú? ¿Repartirás ánimo por el mundo? ¿Vas a llevar felicidad a alguien? ¿Llamarás adelante al niño olvidado detrás del grupo? ¿Le recordarás a la humanidad que estamos hechos a la imagen de Dios? ¿Que somos escogidos, que tenemos un destino y que somos amados? ¿Que Dios es por nosotros y no contra nosotros? ¿Que estamos en las manos de Dios, en el plan de Dios? ¿Te enfrentarás cara a cara con el maremoto de insuficiencia que absorbe a la gente hacia el mar?

¿Alcanzarás a los Tim Scott del mundo? A Tim le había tocado una mala mano de naipes. Sus padres se habían divorciado cuando tenía siete años. Su madre, asistente afroamericana de enfermería, trabajaba dieciséis horas, sin poder sacar a su familia de la pobreza a pesar de eso. En la adolescencia, cuando muchos de sus amigos descubrían los videojuegos y a las niñas, Tim servía palomitas de maíz en un cine de la ciudad. Durante el receso, cruzaba corriendo hacia un restaurante de comida rápida y compraba patatas fritas y agua. John Moniz era el dueño del lugar. Se percató de ese cliente frecuente y le preguntó por qué no compraba más comida. Tim no tenía dinero para eso.

Moniz consideró el aprieto en que se encontraba el joven. Decidió animarlo. Una tarde, cruzó la calle con una bolsa de sándwiches en las manos. Ambos entablaron una conversación, la cual llevó a una amistad, la que llevó a una mentoría. Moniz se enteró de que Tim estaba reprobando varias asignaturas en la escuela, así que compartió con él lecciones de vida sobre responsabilidad y disciplina. Le transmitió los principios comerciales bíblicos que él usaba en su trabajo. Pero lo más importante, le enseñó al joven sobre Jesús.

Tim comenzó a consumir todos los sándwiches y toda la sabiduría que Moniz le daba. El joven de diecisiete años comenzó a sentir que su vida tomaba un rumbo. Luego, golpeó la tragedia. Moniz, de treinta y siete años, murió de edema pulmonar. Tim quedó a los pies de la sepultura de su amigo y en una encrucijada. Lo siguiente dice mucho a su favor. Decidió darle un buen uso a las lecciones que Moniz le había enseñado. Escribió un nuevo propósito para su vida. ¿Su misión? Influir de forma positiva sobre miles de millones de personas.

Una meta bastante ambiciosa. Aun así, parece irle bastante bien en su camino hacia ella. Tim juró como miembro del senado estadounidense en 2013, siendo el primer senador afroamericano, desde la época de la Reconstrucción, en representar al Sur de Estados Unidos.[7]

Todo comenzó con un sándwich y un hombre que estuvo dispuesto a cruzar la calle y brindar ánimo. ¿Podríamos nosotros hacer algo similar?

Mira a los ojos de los Simón Pedro de tu mundo y llama al Rocky que llevan dentro.

Escucha intencionadamente. Una mujer desesperada se acercó a ver a Jesús. Se había quedado sin médicos, sin dinero y sin esperanza. Pero lo peor era que se había quedado sin amigos. La enfermedad que la aquejaba la había dejado ritualmente sucia, excluida de su familia y de cualquier templo. Por más de diez años, había sido aislada de la gente. Luego llegó Jesús. Iba de camino a tratar a la hija de un líder de la sinagoga. El gentío era grande y las personas empujaban, pero ella estaba desesperada. Entremetiendo el brazo en la multitud, alcanzó el borde del manto de

Jesús. Y cuando lo tocó, dejó de sangrar. «"¿Quién me ha tocado?", preguntó Jesús» (Lucas 8.45, NVI). La mujer se encogió y retrocedió. Doce años de rechazo la habían hecho desconfiar cada vez que recibía atención. Pero Jesús volvió a decir que alguien lo había tocado. Y esta vez ella dijo algo. «La mujer, sabiendo lo que le había pasado, fue y se arrodilló delante de él, y temblando de miedo le dijo toda la verdad» (Marcos 5.33, TLA).

Le contó todo. ¿Desde hacía cuánto tiempo nadie escuchaba su historia? Jesús se tomó el tiempo para escucharla hablar. Tenía motivos para no hacerlo. La multitud estaba esperando y los líderes de la ciudad estaban ahí, de pie, una niña moría, la gente empujaba, los discípulos se cuestionaban. ¿Y Jesús? Jesús escuchaba. No tenía que hacerlo. Sanarla de esa aflicción habría sido suficiente. Suficiente para ella. Suficiente para la gente. Pero no suficiente para Jesús. Él quería hacer algo más que sanar su cuerpo. Quería escuchar su historia. El milagro le restauró la salud. Escucharla sanó su dignidad. Y lo que hizo después, ella nunca lo olvidó. Él la reafirmó. La llamó «hija». Es la única vez en los evangelios que él llama a una mujer así. «Hija; tu fe te ha salvado» (Lucas 8.48).

Haz esto por alguien. Pídele a alguien que te cuente su historia. Resiste las ganas de interrumpir y de corregir. Apaga el televisor. Desconecta la Internet. Cierra el portátil; silencia el celular. Da el más raro de los regalos: tu completa atención.

Elogia abundantemente. El ánimo que aparece en las Escrituras no se trata de palabras casualmente amables, sino de una decisión premeditada y orientada a levantar el espíritu de otra persona. «Y considerémonos unos a otros para estimularnos al amor y a las buenas obras» (Hebreos 10.24). El verbo *considerar* significa «percibir claramente... entender plenamente, considerar estrechamente».[8]

John Trent recuerda la historia de un padre joven cuya hija se encontraba en los terribles dos años de edad. Ella era dulce, pero voluntariosa;

casi más de lo que él y su esposa podían resistir. El padre decidió llevar a la niña a desayunar fuera de casa, para decirle cuánto la valoraban y la amaban. Cuando se servían los panqueques, le dijo: «Jenny, quiero que sepas que te amo mucho y que eres especial para mamá y para mí. Oramos por ti durante años y, ahora que estás aquí y sigues creciendo y siendo la maravillosa niña que eres, no podemos estar más orgullosos de ti».

Cuando terminó de hablar, ella le dijo: «Más, papi... más». El padre continuó reafirmándola y animándola. Una vez más, cuando él quiso detenerse, Jenny le rogó que siguiera. Lo hizo dos veces más. «Ese padre no logró comer mucho de su desayuno, pero su hija recibió la nutrición espiritual que tanto necesitaba. En efecto, unos días después, ella corrió espontáneamente hacia su madre y dijo: «Soy una hija muy especial, mami. Papi me lo dijo"».[9]

¿Conoces a alguien que necesite recibir un ánimo desenfrenado? Por supuesto que sí. Todos necesitan un(a) porrista. Sé uno(a) entonces. «Busquen lo mejor del otro y siempre hagan su mejor esfuerzo para sacarlo a relucir» (1 Tesalonicenses 5.15, traducción libre de THE MESSAGE).

A mediados de 1930, un instructor de la YMCA le propuso a su supervisor una idea para una clase. Se basaba en algunos principios que había aprendido al trabajar como vendedor en la ciudad de Warrensburg, Missouri. Los directores no podían pagarle los dos dólares por noche que cobraba, por lo que acordó impartir las clases bajo comisión.

En un par de años, el curso se hizo tan popular, que el instructor ganaba treinta dólares por noche, en lugar de dos. Un ejecutivo editorial escuchó los mensajes y animó al instructor a compilar las clases en un libro. Y Dale Carnegie lo hizo. El libro *Cómo ganar amigos e influir sobre las personas* se mantuvo, durante diez años, en la lista de los *best sellers* del *New York Times*. ¿Cuál es el mensaje? Casi sin discusión, se podría reducir a una frase: animarse los unos a los otros. En el capítulo «El gran secreto para tratar con la gente», se insta a los lectores a ser «calurosos para aprobar y abundantes en los elogios».[10]

Aquí va una idea. Llama a un amigo o a un familiar e inicia la conversación con estas palabras: «¿Me darías ciento veinte segundos para decirte la gran persona que eres?». Luego deja que fluya. Edifica a esa persona. Reafírmala. Haz que se sonroje. Empápala de palabras de ánimo. Imita al apóstol Pablo, que dijo a sus amigos de Éfeso: «No les he rehuido en ninguna forma. Toda verdad y palabra de ánimo que pueda marcar una diferencia en sus vidas, la tienen» (Hechos 20.20, traducción libre de THE MESSAGE).

Hace años me hice amigo de un predicador de la ciudad de Houston, Texas. Después de una maravillosa cena, él me preguntó: «¿Usas mensajes de texto?» (Soy lo suficientemente viejo como para no darlo por sentado). Le contesté que sí y luego intercambiamos nuestros números telefónicos. Unos días después, me envió un mensaje que decía: «Te voy a cambiar el nombre. Ya no eres Max. ¡Ahora eres Max, el Poderoso!».

Podrías pensar que un título así me sería indiferente. Soy un ministro de sesenta y cuatro años. Opero en el mundo formal de los púlpitos y del estudio bíblico. ¿Max, el Poderoso? Parece como sacado del patio de juegos de una escuela primaria, ¿no es cierto?

Pues para mí no. Cuando veo su nombre en el teléfono, corro a leer el mensaje. Me encanta que me animen. A todos nos encanta. Llevemos felicidad. Animémonos los unos a los otros.

Dile «poderoso» a alguien. Dile «especial» a alguien. Llama «Rocky» a alguien.

Saca al Pedro que está dentro de Simón.

Obsequia el regalo que a Dios le encanta dar: el regalo del ánimo.

3

No te encariñes con tus aversiones

Sean pacientes unos con otros y
tolérense las faltas por amor.

—Efesios 4.2, NTV

S e hurga los dientes en público.

Cada cierto rato, se aclara la garganta de forma muy rara.

No puede ver las noticias sin disparar su opinión.

Parece como si se aplicara el maquillaje con una espátula.

Atraviesa su auto por delante de los otros autos.

Interrumpe a las personas cuando hablan.

Es más nervioso que puercoespín.

Es demasiado despreocupada y su voz, demasiado suave.

Te irrita.

Te saca de quicio.

Irritante. Fastidioso. Exasperante. Molesto.

Uff.

Ojalá la gente dejara de comportarse como lo que son: personas. Ojalá usaran desodorante, enjuague bucal o comieran con la boca cerrada, hicieran callar a sus bebés gritones y limpiaran el patio desastroso que tienen.

El mundo debería funcionar de cierta forma. Y cuando los demás se comportan como a nosotros no nos gusta, llamamos a eso tener una aversión personal. No se trata de una división colosal ni de una rivalidad hostil ni de una violación de la ley. Solo es una aversión personal. Una aversión (rechazo) personal (individual, subjetiva). Una manía particular.

Una de las mías fue puesta a prueba cierta noche, cuando Denalyn y yo fuimos a ver una película, una muy graciosa, y la sala de cine estaba repleta. Apenas quedaban asientos. Pero encontramos dos disponibles al lado del pasillo, en la penúltima fila.

¿Les mencioné que la película era cómica? Eso pensaba yo. Y también el sujeto que estaba detrás de mí. Pero él llevó el disfrute cinematográfico a una nueva dimensión. Mientras los demás se reían después de que ocurriera algo gracioso, él lo hacía antes. Al ver que se acercaba la parte cómica, comenzaba a reírse entre dientes, como desde el pecho: «je, je, je, je». Luego empezaba a preparar a su esposa y, al hacerlo, nos preparaba a todos nosotros. «Se va a caer. Mira, cariño. Se va a caer. No ve el borde de la acera. Se va a caer». Luego vino el gran momento, junto a su anuncio: «¡Te lo dije! ¡Se cayó! ¡Se cayó!». Estalló en una risotada estruendosa que enmudeció el diálogo que seguía. Un comportamiento peculiar.

¿Qué cosas te exasperan?

Conozco a una mujer que tiene una aversión personal hacia el vello facial. Debe ser algo freudiano, aunque Freud tenía barba. Por algún motivo a ella no le gusta. Cuando me dejé crecer la barba, ella manifestó su desagrado. Más de una vez. Mis folículos faciales la atormentaban. En varias ocasiones, después del servicio de adoración, me esperaba en la fila de la recepción y expresaba su opinión. Cada vez que eso ocurría, yo me preguntaba: *¿Valdrá mi barba su frustración?*

La alegría es un bien tan preciado... ¿Para qué sacrificarlo por nimiedades?

Las frases que usamos para referirnos a nuestras aversiones revelan quién es la persona que sufre realmente. «Me» irrita o «me» saca de quicio o «me» molesta. ¿A quién irrita, saca de quicio y molesta? ¡A nosotros! ¿Quiénes son los que sufren? ¡Nosotros! Cada aversión le resta saldo a nuestra cuenta corriente de la alegría.

Supongamos que hay una canasta de pelotas de *ping-pong*, la cual representa tu cuota diaria de felicidad. Cada vez que te irritas, si así lo permites, una de ellas desaparece de la canasta.

- Es que deja la ropa sucia en el suelo. Desaparece una bola.
- Espera hasta el último minuto para maquillarse. ¡Puff! Otra más.
- No sé por qué la gente se hace tatuajes.
- No sé por qué le importa tanto mi tatuaje.
- ¡Los camiones grandes no deberían ocupar espacio doble en el estacionamiento!
- ¡Los predicadores no deberían dejarse barba!

Así es cómo desaparecen las pelotas de la alegría, una por una, hasta que la alegría se va.

¿Cómo puedes ayudar a los demás a sonreír si tienes un agujero en tu canasta de la felicidad? No puedes. Por eso, el apóstol Pablo dijo: «Sean pacientes, tolerantes unos con otros en amor (Efesios 4.2, NVI).

La palabra que usa el apóstol para *pacientes* es un término que combina «largo» y «ánimo».[1] Las personas de «ánimo corto» reaccionan como cabello al fuego. Las personas pacientes son de «ánimo largo» o tienen longanimidad. La longanimidad es aquella cualidad de autorrefrenamiento ante la provocación que no toma represalias apresuradas ni castiga con celeridad.[2] En otras palabras, el ánimo no cambia. Molestarse es parte de la vida, pero esto no tiene por qué mermarla.

Las personas pacientes ven todas las peculiaridades del mundo. Pero, en lugar de reaccionar ante estas, las aguantan. Gracias por el realismo, Pablo. Hay muchas ocasiones en las que disfrutamos los unos de los otros e incluso en las que nos deleitamos los unos en los otros. Pero también hay ocasiones en que tenemos que hacer un acto titánico de tolerancia solo para soportarnos los unos a los otros. El verbo que usó Pablo significa exactamente eso: tolerar, aguantar y ser paciente. En otras traducciones, se aclara así:

«Sean pacientes... y tolérense las faltas por amor» (NTV).

«Acepten la vida con humildad y paciencia, y tolérense las faltas por amor» (Traducción libre de la versión PHILLIPS).

«Tolérense los unos a los otros» (Traducción libre de la versión THE VOICE).

Los treinta y siete años de matrimonio entre Denalyn y yo, el rey de las peculiaridades, le han otorgado el grado de doctora en esta materia.

Cuando conduzco, mi mente se pone a deambular. Cuando eso pasa, el auto baja la velocidad a la de una tortuga. («¡*Max, presta atención!*»).

Reparo las cosas con riesgo de arruinarlas. («*Max, te dije que podía llamar al manitas*»).

Me cambio de habitación en plena noche. No tengo explicación ni justificación. Despierto con la necesidad de nuevos pastos, y ya. («*Max, ¿dónde terminaste anoche?*»).

Cuando como carne, la mandíbula me hace chasquidos. («*Max, con eso distraes a las personas de la mesa de al lado*»).

Aguanto solo treinta minutos en las fiestas; ella, dos horas. («*Max, recién llegamos*»).

Mandarme al almacén es como enviarme al Amazonas. Es probable que nunca salga de ahí. («*Te fuiste hace dos horas ¿y solo compraste patatas fritas?*»).

Aun así, Denalyn es la persona más feliz entre los muchísimos códigos postales. Pregunten a sus amigos(as) y a mis hijas. Te dirán que está casada con un tipo raro, pero que tiene el nivel de felicidad de una niña en carnaval. Este es su secreto: ha aprendido a disfrutar mi idiosincrasia. Ella cree que soy entretenido. ¿Quién lo habría pensado? A sus ojos, soy un nominado al Oscar para la categoría «Bicho más raro».

No te confundas, ella se hace escuchar. Sé cuándo estoy probando su paciencia. Pero nunca tengo miedo de reprobar y eso me hace más feliz.

La felicidad es menos una emoción y más una decisión, la decisión de soportarnos los unos a los otros.

A todo esto, ¿acaso los demás no tienen paciencia contigo? La próxima vez que encuentres difícil vivir con otros, imagina cómo será vivir contigo.

O bien, usando el léxico de Jesús, no te obsesiones con la mota de polvo que está en el ojo de otro mientras ignoras la viga que tienes en el tuyo. Cualquiera que cree que Jesús nunca dijo un chiste, no ha leído estas palabras del Sermón del Monte:

> ¿Y por qué miras la mota de polvo que está en el ojo de tu hermano, y no te das cuenta de la viga que está en tu propio ojo? ¿O cómo puedes decir a tu hermano: «Déjame sacarte la mota del ojo», cuando la viga está en tu ojo? ¡Hipócrita! Saca primero la viga de tu ojo, y entonces verás con claridad para sacar la mota del ojo de tu hermano. (Mateo 7.3-5, LBLA)

Jesús visualizó a un sujeto que tiene una viga de dos por cuatro pulgadas que le sale del ojo. Se le asoma como la nariz de Pinocho. Cada vez que se da vuelta, la gente se agacha para cubrirse. Su esposa se niega a dormir con él por miedo a que le pase por encima y la noquee. No puede jugar golf. Cada vez que mira hacia abajo para ver la pelota, la viga se pega al suelo.

Pero aunque tenga eso en el ojo, él nunca piensa en eso. Es ingenuo respecto de las miradas de otros. Cuando lo miran, supone que es porque les gusta su camiseta. No ve el tronco en su propio ojo pero no puede evitar darse cuenta de que alguien se está refregando el ojo con un pañuelo. Con gran aplomo, el sujeto de la larga secuoya mira a izquierda y a derecha, haciendo que las personas arranquen en ambas direcciones y luego cruza marchando la avenida y anuncia: «Debes tener más cuidado. ¿No ves que si te entra algo al ojo puede ser dañino?». A continuación, se da la vuelta de forma engreída y se va pavoneándose por la calle.

¿Extraño? Seguro que sí. ¿Le dio al blanco? Absolutamente. Tenemos ojo de águila cuando se trata de los demás, pero somos ciegos como topos para examinarnos a nosotros mismos. Siendo sinceros, crudamente sinceros, ¿no pasamos más tiempo del que deberíamos tratando de corregir a los demás? ¿No tenemos más experiencia en las faltas de nuestros amigos que en las nuestras?

Somos propensos a actuar como un sujeto que va por la carretera interestatal. Mientras conduce, recibe una llamada de su esposa. Ella estaba en pánico. «Cariño, ten cuidado. ¡Recién escuché en la radio que un tipo va por el carril equivocado de la carretera!».

La respuesta del esposo fue con la misma urgencia. «No es ni la mitad de lo que dices, amor. No es solo uno el que va en dirección contraria. ¡Son cientos!».

¿Crees que el mundo necesita más tolerancia? Sé tú más tolerante. ¿Te gustaría que la gente dejara de quejarse? Cuando tú dejas de hacerlo, el mundo tiene un quejumbroso menos. ¿A nadie lo importa un bledo el pobre? Tu compasión hará que ese bledo crezca. Si quieres cambiar el mundo, comienza por ti mismo. Antes de señalar las motas de los demás, asegúrate de no llevar tú mismo una rama de secuoya.

D. L. Moody fue uno de los cristianos más influyentes de su generación. Llevó a la fe a miles de personas y fundó muchas instituciones de educación y capacitación. A pesar del éxito, tuvo la reputación de ser un hombre humilde, poco impresionado de sí mismo y lleno de gracia para con otros. Era famoso por decir: «En este momento tengo tanto problema con D. L. Moody que no tengo tiempo para hallar faltas en otras personas».[3]

La enseñanza de Jesús no restaba lugar a las críticas constructivas. Simplemente nos instaba a seguir la secuencia correcta. «*Primero* saca la rama que tienes en tu ojo, y así podrás ver bien para sacar la basurita que está en el ojo del otro» (Mateo 7.5, TLA; énfasis añadido).

Hay un momento para hablar. Antes de hacerlo, revisa tus motivaciones. El objetivo es ayudar, nunca herir. Mírate a ti mismo antes de menospreciar a otros. En vez de ponerlos en su lugar, ponte tú en el lugar de ellos.

La verdad es que todos la arruinamos de vez en cuando. Me podría identificar con una mujer de noventa años, llamada Marie, que decidió que hacer las compras de Navidad era simplemente demasiado difícil para alguien de su edad. Prefirió enviar cheques a sus familiares y amigos. En cada tarjeta, escribió: «Compra tu propio regalo».

Disfrutó la oleada navideña. No fue hasta después de Navidad que se acercó al escritorio para ordenarlo. Imagina el disgusto que sintió cuando, debajo de una pila de papeles, encontró los cheques que había olvidado enviar.[4]

A mí me podría haber pasado lo mismo.

¿Acaso no nos debemos los unos a los otros el tenernos paciencia los unos a los otros?

Durante la celebración de su trigésimo aniversario de matrimonio, un amigo mío nos compartió el secreto de su feliz vida de casado. «A principios del matrimonio, mi esposa sugirió que hiciéramos un acuerdo. Ella tomaría todas las decisiones pequeñas y se acercaría a mí para tomar las grandes. Como era de esperarse, durante todos estos años no hemos tenido que tomar ninguna decisión grande».

Ciertamente gracioso. Pero hay sabiduría en reconocer el número relativamente bajo de decisiones importantes en la vida. La evidente mayoría de los detalles en el mundo son simplemente eso: detalles. Cosas pequeñas. No te angusties por las cosas pequeñas, y no tendrás mucho por lo que angustiarte.

Durante los próximos días serás puesto a prueba. Un conductor olvidará encender la luz de giro. En el avión, un pasajero hablará con volumen alto. En la fila para la caja de «diez productos o menos», habrá una persona queriendo pagar quince. Tu esposo se sonará la nariz como bocina de barco. Tu esposa pondrá su mitad del garaje justo al centro. Cuando esto pase, piensa en la canasta de pelotas de *ping-pong*.

No entregues ni una sola. No hay aversión personal que valga tu alegría ni la de ellos.

¿Te acuerdas del sujeto del cine, que estaba detrás de mí? Con estas palabras que recién leíste, frescas en la mente, decidí practicar lo que predico. Y en lugar de enojarme con él, me empecé a reír con él. Me reí de su risa de sobre aviso. Me reí cuando le contaba a su mujer lo que iba a pasar. Me reí cuando él se reía. Luego me reí del hecho de que él se riera. Ocurrió que tuve entretenimiento doble. ¡La pantalla que estaba al frente y el sujeto que estaba sentado detrás! Comedia en estéreo. ¡Fue como tener dos funciones al mismo tiempo!

La paciencia tiene un efecto búmeran. Al tenernos paciencia los unos a los otros, mantenemos la alegría y descubrimos nuevas razones para sonreír.

¿Es fácil de hacer? No.

¿Es esencial? Absolutamente. La vida es demasiado corta y valiosa como para pasarla enojados.

Uno de mis lugares favoritos del mundo es una arboleda que está a orillas del río Guadalupe, a solo minutos de mi casa. Es un lugar pacífico. Nubes lentas y esponjosas flotan por sobre mi cabeza. Un alto risco hace de barrera contra el fuerte viento. Corvinas nadan entre las rocas. El pasto crece a lo largo de la orilla. Y los árboles, ah, los árboles. Cipreses bordean la orilla del río. Los robles vivos de Mesquite y Texas se apiñan en el paisaje. Extienden las ramas y entierran las raíces en el caliche cubierto de tierra. Resisten el invierno y celebran el verano.

Y todos están doblados. No hay ni un solo tronco recto entre ellos. Se inclinan y se doblan. Ninguno de los árboles es perfecto. Aun así, proveen el lugar perfecto para encontrar paz. Los pescadores dormitan bajo su sombra. Las aves arman nidos en sus ramas. Las ardillas excavan sus casas en los troncos.

La humanidad es como esa arboleda. Aunque intentamos mantener la cabeza bien alta, ninguno lo logra. Nos doblamos y nos torcemos, y nuestra corteza tiene nudos. Algunos de los troncos están cubiertos de musgo. Algunas de las ramas son pesadas. Somos una colección de vigas dobladas. Y está bien.

Hay belleza en nuestro dobleces.

Por lo tanto, disfruta de la Sociedad de la Viga Doblada. Déjaselas pasar. Sé menos severo. Disminuye tu número de aversiones y ten paciencia con las personas que no las toleran.

El mundo, a pesar de las peculiaridades de su gente, es un lugar hermoso para vivir.

Cuanto más pronto encontremos su belleza, más felices seremos.

4

La dulzura del segundo lugar

Cada uno de vosotros considere al otro como más importante que a sí mismo.

—Filipenses 2.3, lbla

Era un gran día en la casa de los Lucado. Habíamos comprado un piano. A Denalyn le encanta tocar música y quisimos que nuestras hijas compartieran esa pasión.

Jenna tenía cinco años. Andrea, tres. Sara estaba recién nacida. Eran muy pequeñas para lograr mucho con el teclado, pero no tanto para hacerle un recital a papi. Así que eso hacían. Casi todas las noches. A lo mejor, era un ardid para posponer la hora de dormir. Si era así, resultaba. ¿Qué padre puede resistirse a esta invitación?:

—Papi, ¿puedo tocarte una canción?

—Por supuesto —decía yo. Por lo tanto, la escena se repetía a menudo. Una pequeñita sentada en la banca del piano. Cubierta con un pijama enterito. El cabello aún mojado por el baño. Golpeando las teclas, más que tocándolas. Al terminar, saltaba del asiento y hacía una reverencia. Yo aplaudía. Denalyn aplaudía. Ahora era el turno de la segunda hermana; la escena se repetía. Era un deleite... casi todas las noches... excepto por las peleas. (Disculpen, Jenna y Andrea, pero hubo unas pocas).

Según Andrea, Jenna tocaba mucho tiempo. Andrea se subía al asiento para estar al lado de Jenna y empezaba a empujarla hacia la orilla. O

Andrea arruinaba la canción y Jenna insistía en mostrarle cómo tocarla bien. Andrea no quería ayuda. A esto le seguía una pelea.

—Pero, papi, la está tocando mal.

—Pero, papi, es mi turno.

—Pero, papi...

Lo que no entendían y lo que trataba de explicarles era esto: papi no estaba calificando la canción. Papi no quería que lo impresionaran. Papi no necesitaba un espectáculo, una presentación ni un concurso. Papi disfrutaba estar con sus niñas, y ya. La competencia y la comparación convirtieron a mis dos amores en tiranas. «¿No podemos estar juntos y ya?», yo les decía.

Una vez, Jesús les dijo lo mismo a dos hermanas. En la casa de ellas, la competencia y la comparación amenazaban con arruinar una buena tarde.

Durante el viaje a Jerusalén, Jesús y sus discípulos llegaron a cierta aldea donde una mujer llamada Marta los recibió en su casa. Su hermana María se sentó a los pies del Señor a escuchar sus enseñanzas, pero Marta estaba distraída con los preparativos para la gran cena. Entonces se acercó a Jesús y le dijo: «Maestro, ¿no te parece injusto que mi hermana esté aquí sentada mientras yo hago todo el trabajo? Dile que venga a ayudarme».

El Señor le dijo: «Mi apreciada Marta, ¡estás preocupada y tan inquieta con todos los detalles! Hay una sola cosa por la que vale la pena preocuparse. María la ha descubierto, y nadie se la quitará». (Lucas 10.38-42, NTV)

El escritor de este evangelio, Lucas, en la primera oración, incorporó algunas pistas sobre la personalidad de Marta. «Marta los recibió en su casa» (v. 38, NTV).

Marta fue el comité de bienvenida unipersonal. No fueron Marta y María. No fueron Marta, María y Lázaro. Solo Marta.

En mi imaginación, ella está parada en el porche y recibe a Jesús en «su casa». No en la casa *de ellos*. En la casa de ella. Lázaro vive ahí. María vive ahí. Pero son los dominios de Marta.

Y este es el momento de Marta. Con los brazos muy abiertos. «Pasen, pasen». Es un gran día. Y Marta tiene en mente una «gran cena» (v. 40, NTV).

Escolta a Jesús hacia la sala de estar y le ofrece una silla. Hace gestos a sus amigos para que se pongan cómodos. Jesús se sienta y Marta está a punto de hacer lo mismo cuando escucha un ruido que viene de la cocina.

Piii, piii. La sopa está lista. La sopa de zanahoria y jengibre que su tocaya había preparado en *Cocinando con Marta*. Marta de Betania recuerda la advertencia de Marta, la cocinera, de no calentar demasiado la sopa ni dejarla reposar mucho tiempo.

Ella dice: «Disculpa, Jesús. Necesito ocuparme de la sopa».

Se dirige apurada hacia la cocina, saca el delantal del gancho y se lo amarra por detrás de la cintura. Desliza la cacerola para sacarla del quemador, mete una cuchara de madera en la sopa y la prueba. Casi le dan arcadas. Está blanda como clara de huevo. Justo en ese momento, ¡se da cuenta de que había olvidado el jengibre! Marta de *Cocinando* había mirado hacia la cámara y le había recordado: «No olvides el jengibre». Pero ¿qué se le había olvidado a Marta de Betania? El jengibre. Abre repentinamente toda la persiana de madera y mira hacia la sala contigua. Los discípulos conversan, se ríen y hablan.

Marta anuncia: «Puede que se atrase un poco la cena».

Jesús la mira y sonríe: «No hay problema».

Frenéticamente, Marta se pone a preparar más sopa. Por supuesto, saltarse la sopa está fuera de discusión. Ella está preparando una «gran cena». Tiene toda la velada planificada en la mente. Le dará sopa a Jesús.

Los discípulos observarán. Ciertamente la audiencia celestial hará una pausa mientras Jesús prácticamente se desvive con deleite. Él dirá: «Esta sopa está deliciosa». «¡Divina! ¡Celestial! ¡El caldo de los ángeles!».

Marta se ruborizará y fingirá desestimar el cumplido. «Oh, Jesús. No es nada. Lo preparé así no más». Pero ahora un gentío se reúne en el jardín delantero. Quizás una camioneta de algún noticiero o dos. Pasarán la voz por toda la calle. «Jesús está en la casa de Marta y le encanta la sopa que hizo».

Por supuesto, esa celebración no ocurrirá si Marta no hace la sopa. Así es que vuelve a encender la estufa.

Luego revisa el pastel de carne. Hay que bañarlo dos veces. Una con salsa de tomate y otra con miel. Es momento del segundo baño. Deja el pastel de carne sobre el mesón. Al abrir la despensa para buscar la miel, divisa la jarra de té de menta. ¡Horror de horrores! «¡Olvidé servir el té de menta!». ¿Qué clase de anfitriona es? Agarra una bandeja, lleva algunos vasos con hielo y atraviesa apurada las puertas batientes.

A estas alturas Jesús está seguramente gruñendo de la sed. Ella espera que la mire, que vea su reloj y arquee las cejas. Pero él no está molesto. Está sentado en el borde de la silla, contando una historia. Sus ojos bailan. Sus manos se mueven. Los discípulos sonríen mientras Jesús describe a un chico judío que alimenta cerdos.

Justo en frente de él, sentada con las piernas cruzadas, en el piso, está María, la hermana menor de Marta.

—¿Cerdos —pregunta María.

—¡Sí, cerdos! —afirma Jesús.

Marta se acerca con una disculpa y una bandeja de té. «Lo siento tanto... Se me había olvidado el té. Deben pensar que soy una anfitriona terrible. Pero, olvidé el jengibre y tuve que volver a hacer la sopa. Y el pastel de carne... ¡Ay, no, el pastel de carne!».

Deja la bandeja sobre la mesa y vuelve apresurada a la cocina. Da golpes a la carne con la salsa. Dice «justo a tiempo» y vuelve a ponerlo dentro del horno.

Prepara la tabla para picar y empieza a cortar verduras. A través de las persianas de madera abiertas, ve a María y a Jesús. Su hermana se está riendo. Jesús se está preparando para contar otra historia. Ahí es cuando Marta cae en cuenta. *¿Por qué María no me ayuda?* María podría haber cortado las zanahorias o lavado el apio. Definitivamente podría hacer algo.

Marta le sube la llama a la sopa. Y siente que el calor aumenta en su corazón. ¿Acaso su hermana no sabía que había trabajo que hacer? Los cubiertos aún están en la gaveta. Los vasos aún están en la despensa.

Marta deja salir un suspiro audible. Lleva una brazada de platos al comedor y los pone en la mesa haciendo harto ruido. Nadie reacciona. Siente la mandíbula tensa y vuelve a la cocina a revolver la sopa.

En un rato, vuelve a la sala de estar, con la cuchara de madera todavía en la mano y se da un golpe en la palma con ella, exigiendo: «Maestro, ¿no te parece injusto que mi hermana esté aquí sentada mientras yo hago todo el trabajo? Dile que venga a ayudarme» (v. 40, NTV).

Todas las conversaciones cesan.

Doce pares de ojos se dan vuelta.

María agacha la mirada.

Jesús mira hacia arriba.

Con las mejillas sonrojadas de ira, Marta frunce el ceño. Sus palabras quedan en el aire como rasguños en un pizarrón.

¿Qué le pasó a Marta, la hospitalaria, a Marta, la acogedora? Lucas nos da la respuesta. «... pero Marta estaba distraída con los preparativos para la gran cena» (v. 40, NTV). Tenía *grandes* planes para causar una *gran* impresión con un *gran* evento. En lugar de eso, causó un *gran* desastre. Pero ella estaba «¡preocupada y tan inquieta con todos los detalles!» (v. 41, NTV).

De todas las ironías, aunque Marta estaba en presencia del Príncipe de Paz, ella era la viva imagen del estrés.

¿Qué ocurrió? ¿Cuál es la lección del colapso de Marta? ¿Que cocinar es pecado? ¿Que la hospitalidad es una herramienta del diablo? No. La Biblia le da gran importancia a las fiestas y a los banquetes. ¿Que Marta estaba equivocada por esperar que María la ayudara? Por supuesto que no.

La ruina de Marta no fue trabajar ni pedir ayuda; fue su motivación. No puedo evitar pensar que no era servir a Jesús lo que ella estaba haciendo, sino montar un espectáculo para él. No estaba preparando una cena para Jesús; estaba dándole mucha importancia a su servicio. Se vio embaucada por la más sutil de las mentiras: la autopromoción.

La autopromoción se trata netamente de uno mismo: «Miren lo que hice. Miren lo que hice».

En la autopromoción, hay poco espacio para otros: «Ella está sentada ahí, nada más».

La autopromoción incluso mangonea a Jesús: «¡Diles que se pongan a trabajar!».

La vista no es bonita.

No es una persona agradable.

De las dos hermanas de la historia, ¿con quién preferirías pasar tiempo? ¿Con Marta o con María?

La pregunta es importante. ¿Puede que exista una Marta entre nosotros? ¿Puede que haya un poco de Marta dentro de nosotros? ¿Nos convierte servir a Jesús en unos cascarrabias enojones?

Hannah Whitall Smith, autora del libro *The Christian's Secret of a Holy Life* [El secreto cristiano de una vida santa], fue criada en una familia que asistía a la iglesia. Años antes de llegar a Cristo, registró en su diario la impresión que tenía de los cristianos.

Algunos parecían como si pensaran que sonreír o decir una palabra agradable fuera pecado. A mi parecer, la religión debería hacerte feliz, no infeliz y desagradable...

En lugar de una voz alentadora, hay un susurro largo, arrastrado y melancólico... en lugar de amor y preocupación por aquellos que no han encontrado el camino en la vida. Existe una fría antipatía, una sensación de «yo soy mejor que tú», que efectivamente cierra la más mínima posibilidad de apertura... En lugar de mostrar una gentileza encantadora y una amabilidad amorosa para con los que los rodean, hay una cierta irritabilidad escondida y una continua comparación de sí mismos con el resto, seguida por un desagradable aire dictatorial. Y así, en lugar de ser la religión de mente amplia, noble, hermosa, humilde y feliz que tan a menudo me imagino, la veo enrabiada, triste, orgullosa, prejuiciosa y cerrada de mente.[1]

Tal vez Hannah había conocido a algunas Martas. Esto de la autopromoción es una bola de nieve. Lo que comienza como el deseo de servir a Cristo hace metástasis para convertirse en el acto de impresionar a otros. Cuando eso ocurre, las Martas dotadas se convierten en murmuradoras apenadas. Es fácil ver por qué. Si tu felicidad depende del aplauso y la aceptación de los demás, vas a subir y bajar constantemente y en función de las opiniones variables de la gente. Si te notan, te pavoneas. Si no lo hacen, te quejas.

La fascinación de nuestra generación por las redes sociales ha llevado al extremo la adicción por la adulación. Medimos el éxito por el número de «me gusta», de retuiteos, de pulgares arriba y de los amigos. La imagen personal sube y baja en función de clics caprichosos y comentarios de

Facebook. ¡Las redes sociales son la comparación social bajo esteroides! ¿Es sensato que tu alegría gire en torno a reacciones y críticas impredecibles de personas que ni siquiera conoces?

Pero la Marta que llevamos dentro no es fácil de silenciar. Apareció en mi corazón hace no mucho tiempo. Se efectuaba una conferencia cristiana en nuestra ciudad. Uno de los oradores de la apertura canceló su participación a última hora. Recibí una llamada de los organizadores. ¿Podía yo llenar esa vacante?

¿Puedo confesarte lo primero que pensé? *¿Yo, llenar la vacante de alguien más? ¿Ser el plan b?* Rechacé la oferta. Mi reacción fue egocéntrica y repugnante.

Anótalo. Cuando el ministerio se convierte en una vana ambición, no puede salir nada bueno de ahí. Marta se pone irritable. Max se hincha de soberbia. Y nadie sirve a Jesús. Con razón Pablo insistió tanto: «No hagan nada por egoísmo o vanidad» (Filipenses 2.3, NVI).

No soy el jugador estrella de Dios.

Tú no eres la persona más importante de Dios.

No somos el regalo de Dios para la humanidad. Él nos ama y mora en nosotros y tiene grandes planes para nosotros. Dios puede usarnos a cada uno, pero no necesita de nadie. Somos valiosos pero no indispensables.

Ahora bien, ¿puede jactarse el hacha de tener un poder mayor que la persona que la usa?
¿Es la sierra mayor que la persona que corta?
¿Puede golpear una vara a menos que la mueva una mano?
¿Puede caminar solo un bastón de madera?
(Isaías 10.15, NTV)

Nosotros somos el hacha, la sierra y la vara. No hacemos nada apartados de la mano de Dios.

Nada. «Entonces, *el importante no es* el que siembra la semilla ni el que la riega, sino Dios que la hace crecer» (1 Corintios 3.7, PDT; énfasis añadido).

¿Qué cosa estás dando que él no te haya dado primero? ¿Qué verdad estás enseñando que él no haya enseñado primero? Pero ¿quién te amó primero? Tú sirves. ¿Pero quién sirvió más? ¿Qué estás haciendo por Dios que él no pueda hacer por sí mismo?

¡Qué amable es por usarnos!

Sabio es recordar el antídoto de Pablo contra la autopromoción traga-felicidad: «... sino que con actitud humilde cada uno de ustedes considere al otro como más importante que a sí mismo...» (Filipenses 2.3, NBLH).

Sin duda alguna, Jesús tenía una sonrisa en el rostro cuando dio las siguientes instrucciones:

Cuando alguien te invite a una fiesta de bodas, no te sientes en el mejor lugar. Porque si llega alguien más importante que tú, el que te invitó te dirá: «Dale tu puesto a este otro invitado». Eso sería muy vergonzoso para ti, y tendrías que sentarte en el último lugar.

Por eso, cuando alguien te invite, busca el último puesto. Así, cuando llegue el que te invitó, te dirá: «Amigo, ven siéntate aquí; este lugar es mejor». De esa manera, recibirás honores delante de los demás invitados (Lucas 14.8-10, TLA).

¡Felices los que se creen sin derechos! ¡Esperar el aplauso de los demás es empresa de tontos! Hazte un favor y no supongas nada. Si nadie te nota, no te sorprenderás. Si alguien te nota, podrás celebrar.

El siguiente es un ejercicio útil para dejar de prestarte atención a ti mismo y empezar a ponerla en los otros. Durante las próximas veinte horas, que tu objetivo sea celebrar cualquier cosa buena que le ocurra a otra persona. Haz una lista. Desarrolla el músculo de «alegrarse con quienes se alegran» (Romanos 12.15, NVI). En el instante que veas algo bueno hecho por otra persona o para otra persona, deja salir vítores y hurras, en silencio si no es en público. Lanza confeti. ¿Puedes visualizar lo divertido que será?

No envidiarás el buen clima que disfrutan los que están en la playa; celebrarás el día asoleado que están pasando. El ascenso laboral de tu colega activará la felicidad en ti, no resentimiento. Ver a la estudiosa María no generará una Marta gruñona. Todo lo contrario. Agradecerás a Dios por la atención que ella le presta a los asuntos espirituales.

A fin de cuentas, me atrevo a decir, andarás silbando por la vida.

Date mucha importancia a ti mismo y prepárate para un día lleno de decepciones. Da mucha importancia a los demás y espera un día especial. Irás de alegría en alegría, porque estarás considerando el éxito de otros como más importante que el tuyo.

Una vez, tres ángeles se percataron de un hombre santo. Hacía tantas cosas buenas por tantas personas, que los ángeles acudieron a Dios con esta petición:

—Ese hombre se merece un regalo especial. Es tan generoso... Siempre ayuda a los demás. Recompensémoslo.

—¿Con qué? —preguntó Dios.

—Con el don de la elocuencia —sugirió un ángel.

—Con el don de la sabiduría —ofreció el segundo.

—Con el don del liderazgo —opinó el tercer ángel.

—¿Por qué no le preguntan a él lo que quiere? —sugirió Dios.

Los ángeles concordaron y se acercaron al hombre.

—Quisiéramos regalarte un don.

El hombre no dijo nada.

—El que tú quieras —le explicaron ellos.

—¿Te gustaría tener el don de la elocuencia para poder predicar?

—Podemos darte sabiduría para que puedas aconsejar.

—O podemos darte el don de liderazgo, para guiar la vida de otros.

El hombre miró a los ángeles y preguntó:

—¿Me pueden dar cualquier don?

—Sí.

—¿Cualquiera?

—Sí.

—Entonces ya sé qué quiero.

—¡Dinos! Será tuyo.

—Quiero hacer bien y no saber que lo hice.

Desde ese día en adelante, ocurrían cosas buenas por donde fuera que pasara aquel hombre. Las plantas florecían. Las personas reían. Los enfermos se sanaban. A los comerciantes les iba bien. Y el hombre, sin la carga del conocimiento de su éxito, sonreía.

Bendito es el cristiano cuya atención está en otros.

Infeliz es el cristiano cuya atención está en sí mismo.

Si el deseo de que te noten te está haciendo infeliz, puedes apostar a que lo mismo está causando en los otros. Deja de comportarte como Marta. Vuelve a lo básico. Si tienes una canción por tocar en el piano, hazlo, por todos los cielos. Pero hazlo para complacerlo a él. Te asombrará lo pacífica que será esa tarde.

5

El fino arte de saludar

Saludaos los unos a los otros.

—ROMANOS 16.16

El jefe ya había tenido bastante. Decidió que había soportado más que cualquier otro gerente general. Estaba hasta *la coronilla*. Estaba saturado. *¡Se acabó!*, resolvió, y dejó a su personal una carta de dos páginas que comenzaba con este párrafo:

Me tomé un permiso para ausentarme del trabajo por un mes... No sé con certeza lo que voy a hacer ni a adónde voy a ir, pero aquí en la oficina no me voy a quedar.

No era el primer ejecutivo que sentía como si estuviera retirándose y dándole la espalda al desastre. El hecho de que se sintiera frustrado no era algo único. Pero lo que causó su frustración es digno de mencionar:

En este lugar, ha existido un historial de faltas de respeto entre las personas y, a partir de ahora, se acabó. He llegado al punto en que me asusta incluso salir de la oficina por temor a que la gente comience a ventilar sus diferencias. Me ha dado miedo incluso tomarme vacaciones extendidas.

A partir de ahora, las personas o se tratan con respeto, dignidad y cortesía o yo me jubilo. He trabajado demasiado duro y por demasiado tiempo como para ver a esta compañía venirse abajo. Me voy (y cobro lo que me corresponde) antes de permitir que eso ocurra.

O SE TRATAN con respeto entre ustedes o me voy de aquí.

Cuando vuelva, voy a preguntar a varias personas de la oficina si han sido tratadas con más respeto durante mi ausencia. Si la respuesta es positiva, me arremango la camisa y vuelvo a trabajar con toda since-ridad. Si no ha cambiado nada, sigo con mi vida.

Este jefe frustrado llegó hasta el punto de dejar a los empleados tareas específicas que debían realizar durante esos treinta días de ausencia. Entre ellas: «Simplemente decir "buenos días". No es tan difícil».

No fue la economía lo que mermó sus fuerzas. El líder no estaba exhausto por las horas de trabajo ni por la competencia del mercado. Era la toxicidad del ambiente en la oficina. Su empresa se dedicaba a la made-ra. Muchos de sus empleados interactuaban con unidades de transporte en las dársenas locales. El mundo de los estibadores y capitanes de barco, predominantemente masculino, había contaminado la cultura de respeto que él buscaba promover.

El jefe cumplió con su palabra. No volvió a las instalaciones durante un mes. Cuando regresó, el ambiente era distinto. Los empleados estaban aprendiendo el significado de la palabra *consideración*. La conducta arisca de los hombres había cambiado a un estilo de interacción más amable y más considerado. El ultimátum generó el efecto que él deseaba.[1]

Tal vez necesitemos un ultimátum en nuestra sociedad. Ah, la ira que se propaga a través de las personas: la ira al volante, la ira del pasajero de avión, la ira al teléfono móvil, la ira por esperar en las cajas, la ira en las redes sociales, la ira parental en las actividades deportivas de los hijos, la ira en el estacionamiento, la ira por las alarmas de los autos que no callan e incluso la ira de los conductores que tocan el claxon a personas con muletas.

Las redes sociales han llevado la ira a un extremo. Las conversaciones en línea dejan ampollas y moretones. Palabras que jamás diríamos a una persona a la cara, las publicamos con seguridad en Internet. Las groserías han llegado a tal punto que todos podemos sentirnos identificados con un letrero que vi en un laboratorio médico, que dice: «Si está malhumorado, si es grosero, impaciente o desconsiderado, se le cobrará diez dólares adicionales solo por tener que aguantarlo».

Sí, imponer una multa por ser grosero tiene su atractivo. Hay una respuesta más práctica que sugiere el apóstol Pablo: «Saludaos los unos a los otros con un beso santo» (Romanos 16.16, LBLA).

Pablo dio instrucciones idénticas a otras iglesias. Dos veces a los corintios: «Salúdense los unos a los otros con beso santo» (1 Corintios 16.20 y 2 Corintios 13.12, NBLH). También a los tesalonicenses: «Saluden a todos los hermanos con beso santo» (1 Tesalonicenses 5.26, NBLH).

Pedro izó la bandera de la amabilidad también. «Saludaos unos a otros con un beso de amor» (1 Pedro 5.14, LBLA).

Tendemos a pasar por alto estos pasajes. Esto se cumple particularmente en el caso de la amonestación a los romanos. Pablo había escrito quince capítulos para guiar a los lectores por el parque nacional de la doctrina cristiana: la salvación por fe, la santificación, la perseverancia de los santos, la predestinación y la elección. Y luego, en el capítulo dieciséis, se embarca en la curiosa e inesperada cruzada de saludarse amablemente. En una pradera de viejos robles y olmos, este mandato se siente como un retoño.

¿Por qué tanta importancia? ¿Por qué deberíamos tener el cuidado de saludarnos los unos a los otros?

Por respeto. Respetar es tener conciencia de la situación de la otra persona. Respetar es ver al nuevo estudiante de la sala y saludarlo. Respetar es detenerse en el escritorio de la recepcionista y decirle «buenos días». Respetar es negarse a pasar apurado por la fila de la caja sin darle un genuino «buenas tardes» a la cajera. Respetar es quitarse los auriculares para saludar al pasajero de al lado. Respetar es quitarse el sombrero para saludar al contrincante; y respetar es eliminar toda incomodidad, saludando a la nueva persona que llega a la iglesia.

Simplemente saludarse los unos a los otros no es tan difícil. Pero marca una diferencia significativa.

El ministro británico J. H. Jowett contó la historia de un convicto de la ciudad de Darlington, Inglaterra. Este había sido recién liberado de la cárcel, después de tres años de condena, cuando, en la calle, se topó con el alcalde. Esperando nada más que un frío ostracismo por parte del público, no supo cómo responder cuando la autoridad local se detuvo, se quitó el sombrero y dijo con un tono alegre: «¡Saludos! ¡Me da gusto verlo! ¿Cómo está?».

El exconvicto masculló algo como respuesta y siguió su camino. La autoridad de la ciudad no pensó nada al respecto hasta unos años después, cuando ambos, por accidente, se encontraron en otra ciudad. El alcalde no recordaba al sujeto, pero este nunca se olvidó del alcalde. Así que le dijo:

—Quiero agradecerle por lo que hizo por mí cuando salí de prisión.

—¿Qué hice?

—Usted fue amable conmigo. ¡Y eso cambió mi vida![2]

Lo que para ti es pequeño, para otro puede ser enorme.

En el sentido más puro, saludar es un gesto de benevolencia. Ya sea un beso en la mejilla aceptado culturalmente en algunas partes de Europa, una reverencia en Asia, *abrazos y besos* en Latinoamérica, un afectuoso apretón de manos en la cultura occidental, saludarse es un acto de generosidad.

El primer beneficiario del saludo es la persona que lo ofrece. Deberían hacer una pegatina de parachoques que dijera «Abrazar te hace más feliz». Esa fue la conclusión de los investigadores de la Universidad Estatal de Pensilvania. Se dividió a los estudiantes en dos grupos: lectura y abrazos. Al grupo de abrazos, se le instruyó dar o recibir cinco abrazos por día durante cuatro semanas. Al grupo de lectura, se le indicó registrar, durante ese mismo mes, el número de horas diarias que pasaba leyendo. Como se esperaba, el grupo de abrazos obtuvo mejores resultados en la escala de felicidad que el grupo de lectura (no se lo digan a los niños de la biblioteca). Abrazar incrementó el grado de felicidad de los participantes.[3] Luego se llevó a cabo un estudio similar que relacionó los abrazos con la disminución de enfermedades. Cuanto más seguido se abrazaban las personas, menos probabilidades tenían de enfermarse.[4]

Así es que, por tu propio bien, saluda a los demás.

Y saluda a lo demás por el bien de ellos. La persona a la que no saludas nunca piensa: *Me ignoran porque me aman*. Todo lo contrario. La inseguridad es, a menudo, el hijo infeliz del silencio. (Cualquiera que haya pasado inadvertido y haya sido ignorado en una fiesta conoce esta sensación de soledad).

Una de estas tardes, Denalyn y yo nos juntamos a cenar con otras parejas en la casa de una de ellas. Hemos sido amigos por varias décadas. Hemos viajado, jugado y criado a nuestras familias juntos.

Mientras cenábamos, el hijo mayor de la familia anfitriona pasó por ahí. Era un momento duro para él; estaba en una lucha contra la depresión y sufría un divorcio. Cuando entró al comedor, nos levantamos para saludarlo, no por su difícil situación, sino porque era un amigo querido por todos nosotros.

Conversamos y nos reímos de algunas historias. Nos contó que las chicas pensaban que era extraño que un hombre soltero tuviera dos gatos. Fue agradable, muy divertido. ¿Memorable? No. No para mí al menos. Momentos después, esa noche, envió el siguiente mensaje de texto a su mamá:

> Gracias por la noche de hoy... Nunca antes había sentido tanto amor al entrar a un lugar... Fue un poco enloquecedor... Me sentí espiritual... Tuve la sensación de que me saludaban en el cielo o algo así... Fue algo muy poderoso... Fue como si, en un instante, me hubiese rodeado un amor incondicional y me dio una paz que nunca antes había sentido. Creo que eso se quedará conmigo para siempre.

Uno nunca sabe, ¿no es cierto? Uno nunca sabe cuándo un gesto de amabilidad tocará el corazón de alguien. Quizás por eso Pablo nos insta a saludar a *todos*. Él no dijo «saluda a los que te caen bien» ni «saluda a los que conoces» ni «saluda a los que quieres conocer». Simplemente dijo: «Salúdense los unos a los otros».

Pablo modeló su interés por la amabilidad sin prejuicios. En los trece versículos anteriores, hizo con su lápiz lo que le habría encantado hacer con su propia mano. Mentalmente, fue de persona en persona y les dio a cada una de ellas un saludo santo (Romanos 16.3-16). Saludó a veintiséis personas por su nombre y, en algunos casos, a las familias de ellas. En la lista, se incluye a los siguientes:

- Epeneto, la primera persona en convertirse con él en Asia.
- María, una mujer trabajadora.
- Amplias, Urbano, Hermes, Filólogo, Julia, nombres comunes entre los esclavos.[5]

- Aristóbulo, quien se cree era hermano de Agripa I y nieto de Herodes el Grande.[6]
- Narciso, secretario del emperador Claudio.[7]
- Rufo, que puede haber sido hijo de Simón de Cirene, hombre que llevó la cruz de Jesús camino a Gólgota.[8]

Considera el alcance del saludo de Pablo. Desde mujeres hasta hombres, desde asiáticos hasta romanos, desde esclavos hasta aristócratas. Desde el primer convertido en Asia hasta el hijo de un héroe del evangelio. Pablo no dejó a nadie fuera. Sus ejemplos nos instan a imitarlo. No se permiten saludos selectivos. Sin sacar ni elegir a nadie. Todos saludan a todos. La orden de dar besitos deja a todos con un beso en la mejilla y a todos escogidos. Las jerarquías dejan a las personas picoteadas y saqueadas. Tú y yo podemos llevar una cantina de agua, pero no sabemos quién tiene sed. Por esta razón, somos llamados a ofrecerla a todos.

Durante muchos años, David Robinson fue miembro de nuestra congregación. Fue y es ícono en la ciudad de San Antonio. Mide más de dos metros, además es musculoso y atractivo. En su carrera en la NBA, ganó campeonatos, medallas de oro olímpicas y premios al mejor jugador.

No asistía a la iglesia para llamar la atención, pero desde el mismo momento en que entró a nuestro santuario, eso fue justo lo que sucedió. Mientras caminaba por el pasillo, buscando dónde sentarse, todos se voltearon a mirarlo. Casi tuve que detener mis comentarios de apertura.

Al mismo tiempo que él entraba al templo, también lo hacía otro invitado. Un hombre sin hogar que venía de la calle. Era todo lo que David no era: menudo, desaliñado y aparentemente pobre. Desde la vista privilegiada en el púlpito, no pude evitar notar el contraste. La congregación estaba emocionada y embelesada con la presencia del personaje estelar. Salvo una sola excepción, nadie saludó al morador de las calles.

Siempre estaré agradecido de esa excepción. Un anciano de nuestra iglesia, amable y compasivo, se cercioró de dejar su banco y se sentó al lado del vagabundo. Me preguntaba si esa persona sería algún tipo de mensajero, incluso un ángel encubierto, enviado por Dios para probar nuestra disposición a recibir a *todos* los hijos de Dios.

No desestimes el valor de un saludo sincero. Nuestro Maestro, rara vez, fue más práctico como cuando dijo esto: «Al entrar en la casa, saluden a los que viven en ella» (Mateo 10.12, DHH). Da a las personas un firme apretón de manos. Haz contacto visual. Sé sincero(a).

En toda reunión, encontrarás dos tipos de personas: a aquellas que llegan con una actitud que expresa: «¡Qué gusto me da verte!» y a aquellas cuya actitud dice: «¡Qué gusto me da que me veas!». No es difícil diferenciar entre ambas.

Hazle saber a los demás que en verdad te interesan y espera el efecto búmeran.

En el registro Sumter County Church Chronology [Cronología de las iglesias del condado de Sumter], existen más de cien entradas que detallan las transacciones, los cambios y la historia de las iglesias del área. Con fecha de junio de 1965, se encuentra este escueto registro: «anuncio de una donación de 178.000 dólares estadounidenses para la iglesia Andersonville Methodist Church, de parte del residente Robert B. Brown de Nueva Jersey quien, cuando visitó la iglesia por única vez, años atrás, se impresionó con la bienvenida que recibió».[9]

Muchos años antes y *en una única visita*, el señor Brown quedó tan impresionado con el recibimiento de la congregación que envió un regalo desde Nueva Jersey hasta Georgia.

Por su propio bien, salúdense los unos a los otros. Experimenten la alegría de mostrar a los demás que son importantes.

Por el bien de ellos, salúdense los unos a los otros. Lo que es pequeño para ustedes, para ellos puede ser enorme.

Más que todo, salúdense en nombre de Jesús.

Padres, ¿cómo se sienten cuando alguien les presta atención a sus hijos? Cuando un profesor les ofrece ayuda especial o cuando un adulto les presta atención individual, ¿no valoran a esa persona por amar a sus hijos? Así también Jesús. Él ama a las personas que aman a sus hijos.

De hecho, llegó al punto de decir: «Cuando aman a mis hijos, me están amando a mí». Recuerden sus palabras: «... fui forastero, y me recibisteis» (Mateo 25.35, LBLA).

Si Jesús entrara a algún lugar, todas las miradas se dirigirían hacia él y todos se pondrían de pie. Haríamos fila por la oportunidad de darle la mano y tocarle los pies. Nadie se perdería la oportunidad de darle la bienvenida a nuestro Salvador.

De acuerdo con Jesús, todos los días tenemos esa oportunidad. ¿El adolescente nervioso que se sienta al final de la sala de clases? Cuando lo saludas, saludas a Jesús. ¿El padre o la madre soltera que trabaja al final del pasillo? Cuando lo(a) haces sentir bienvenido(a), haces sentir de la misma manera a Jesús. ¿La anciana de la tienda de abarrotes? Cuando le abres la puerta, abres la puerta a Cristo. «En verdad os digo que en cuanto lo hicisteis a uno de estos hermanos míos, aun a los más pequeños, a mí lo hicisteis» (Mateo 25.40, LBLA).

Por cierto, el saludo más grandioso de la historia está aún por suceder. Y puedes tener la certeza de que esa salutación no se va a escuchar por teléfono ni se va a leer por correo electrónico. El más grandioso de los saludos será dado por Jesús, a ti y en persona. «Su señor le respondió: "¡Hiciste bien, siervo bueno y fiel! Has sido fiel en lo poco; te pondré a cargo de mucho más. ¡Ven a compartir la felicidad de tu señor!"» (Mateo 25.23, NVI).

6

Una postura poderosa

Oren unos por otros...

—Santiago 5.16, RVC

Sara y Abraham no esperaban recibir compañía. Ciertamente no esperaban recibir una visita de Dios. Pero llegó una tarde, sin que lo invitaran, sin anunciarse y disfrazado de hombre. Dos personas más, ángeles de incógnito, estaban con él. No se nos dice en qué momento Abraham se da cuenta de que está en la presencia de Dios, pero debe de haber sido al principio del encuentro. El patriarca estiró la alfombra roja. Se horneó pan. Se mató a un ternero. Se preparó y se ofreció un banquete.

Abraham miró a Sara. La pregunta, si no en los labios, se les veía en el rostro: ¿Por qué está Dios aquí y qué se trae entre manos? Después del banquete, el trío divino se fue del campamento, en dirección a Sodoma, el hogar de Lot, sobrino de Abraham. Abraham los acompañó una distancia corta para encaminarlos. En cierto punto, Dios se detuvo y se preguntó: «¿Encubriré yo a Abraham lo que voy a hacer?» (Génesis 18.17). Decidió que no. Y le contó a Abraham: «Por cuanto el clamor contra Sodoma y Gomorra se aumenta más y más, y el pecado de ellos se ha agravado en extremo, descenderé ahora, y veré...» (Génesis 18.20, 21).

Abraham se quedó inmóvil como una estatua de piedra. Él sabía con qué se encontraría Dios en Sodoma. Él conocía el hedor de las calles y la maldad del pueblo. Aun así creía que había algunos dignos de salvar. Tenía familiares en la ciudad. Tal vez por eso hizo lo que hizo. «Pero Abraham estaba aún delante de Jehová» (Génesis 18.22).

Como árbol solitario en una pradera, el padre de la fe tenía fe suficiente en su Padre como para ponerse entre el pueblo que necesitaba misericordia y aquel que podía darla. Y habló en representación de ellos. «¿Destruirás también al justo con el impío? Quizá haya cincuenta justos dentro de la ciudad: ¿destruirás también y no perdonarás al lugar por amor a los cincuenta justos que estén dentro de él?» (Génesis 18.23, 24).

Fue una jugada audaz. Era nada más que un pastor beduino. El cabello le llegaba hasta los hombros. Tenía una barba abundante, le llegaba hasta el pecho. Desaliñado y encorvado. Con un diente o dos menos. Aun así, se quedó ahí.

Tal como lo hiciste tú. Ese día en el tribunal. Esa noche en la sala de urgencias. Esa vez cuando tu colega te confió un secreto. Admitió: «Tengo hecho un desastre». Y tú hiciste lo que hizo Abraham. Te pusiste entre el que necesitaba ayuda y aquel que podía que darla.

Oraste.

Por soldados. Por senadores. Por hijos pródigos, por predicadores y por predicadores pródigos. Con una oración, dejaste una moneda en el vaso del mendigo. Con una oración, pasaste la mano sobre la cabeza de tu hijo. Leíste las noticias de una guerra más, un divorcio o un escándalo más, y oraste: *Dios, ten misericordia.*

Has hecho lo que Abraham hizo. Te has parado donde Abraham se paró. Entre ellos y él. Y te has preguntado: *¿Me escucha Dios?*

El relato de Abraham nos da motivo para tener esperanza.

Fue audaz frente a Dios. Le rogó que les perdonara la vida a algunos habitantes de Sodoma y Gomorra, diciendo: «Lejos de ti el hacer tal, que hagas morir al justo con el impío, y que sea el justo tratado como el impío;

nunca tal hagas. El Juez de toda la tierra, ¿no ha de hacer lo que es justo?» (Génesis 18.25).

En la historia de la humanidad, hasta ese momento, nadie había tenido la desfachatez de pedirle a Dios que reconsiderara sus planes. Adán y Eva no lo hicieron. Caín se quejó, pero no negoció. Matusalén tuvo un pastel de cumpleaños con 969 velas, pero hasta donde sabemos, nunca le rogó a Dios que volviera a considerar la mesa de dibujo. Tampoco lo hizo Noé. El constructor del arca guardó silencio. Pero Abraham habló. En la tienda cercana, se escucha a Sara tragar saliva y susurrar: «Abraham, calla. ¡Vas a hacer que nos maten!». Se arrincona en una esquina. *En cualquier minuto, nos llega un rayo.*

Pero Dios no dejó caer su artillería sobre Abraham. Él lo escuchó.

Dios: «Cincuenta justos y la ciudad se salva».

Abraham se fue, se detuvo y luego volvió. «¿Tal vez cuarenta y cinco?».

Sonriendo, Dios dijo: «Está bien, cuarenta y cinco».

Abraham se da vuelta y saca la cuenta con los dedos: «¿Tal vez cuarenta?».

Dios: «Está bien con cuarenta».

Ese ir y venir continuó hasta que finalmente fijaron un número: diez justos. Abraham siguió su camino, y Dios también. Y nos quedamos reflexionando en este extraordinario pensamiento: Dios no estaba receloso; estaba comprometido. No se sentía ofendido; estaba atento a responder. Mientras Sodoma y Gomorra eran destruidas, el sobrino de Abraham escapó.

Todo gracias a que Abraham se paró ante Dios.

Hizo lo que las Escrituras nos instan a todos a hacer: «... orad unos por otros, para que seáis sanados» (Santiago 5.16).

Alguien que tú conoces está bajo ataque. Tu vecino está deprimido. Tu hijo ha perdido el rumbo. Tu hija se encuentra ante una situación difícil.

Puede que no sepas qué decir. Puede que no cuentes con los recursos para ayudar. Pero tienes esto: la oración. De acuerdo a las siguientes promesas, tus oraciones provocan la respuesta de Dios en la vida de los que amas:

La oración ferviente de una persona justa tiene mucho poder y da resultados maravillosos. (Santiago 5.16, NTV)

Acérquense a Dios, y Dios se acercará a ustedes.
(Santiago 4.8, NTV)

El SEÑOR está cerca de quienes lo invocan,
de quienes lo invocan de verdad. (Salmos 145.18, NVI)

Cuando oramos los unos por los otros, entramos al taller de Dios, tomamos un martillo y le ayudamos a cumplir con sus propósitos.

Mi papá nos invitó a mi hermano y a mí a hacer algo similar. La idea surgió en la mesa de la cocina. Mi hermano tenía nueve años, yo tenía seis y mi papá... Bueno, tenía la edad suficiente para saber esto: si quieres construir una casa, comienza por los planos. Y armado con un lápiz y un cuaderno, se fue a trabajar. Dibujó la casa de sus sueños.

Le encantaba construir. Ya había hecho dos casas, incluida la nuestra. Pero tenía sueños más grandes. Tres dormitorios en lugar de dos. Ladrillos en lugar de madera. Espacio para aparcar dos autos en lugar de uno. Un taller en el patio trasero. Un aro de básquetbol en la entrada del auto y, por sobre todo, una chimenea.

Mientras trabajaba en los planes, nos parábamos en punta de pies y mirábamos por sobre su hombro. Lo bombardeábamos con sugerencias. Tal vez, una ventana grande en la sala de estar o un columpio en la cocina.

Preguntó: «¿Quieren ayudarme?».

¿Es católico el papa? ¿Nadan en círculos los patos con una sola pata? ¿Se mojan los peces? ¡Por supuesto que queríamos ayudar! Y así fue como mi hermano y yo, todos los días después de la escuela, nos íbamos en bicicleta al proyecto de construcción de la calle Alamosa. Casi no podía con tanta emoción. La escuela primaria parecía tan primaria. ¿Quién tenía tiempo para matemática y escritura? Tenía que cargar azulejos de cocina y recoger clavos perdidos. No era solo un niño de edad escolar. Era socio de mi papi.

Nuestro Padre celestial nos ha invitado a ser sus socios también.

¿Nos atrevemos a aceptar la invitación? Nuestras oraciones abren los depósitos del cielo. Tus oraciones son el vínculo entre la bondad de Dios y tus amigos. Cuando oras, cuando hablas por los que necesitan ayuda con aquel que puede darla, ocurre algo maravilloso.

Como una emocionante prueba de esto, considera el caso del centurión y su sirviente. El soldado pidió a Jesús que sanara a ese hombre. Cuando Jesús preguntó si debía ir a su casa, el oficial lo detuvo. «Solamente di la palabra, y mi criado sanará» (Mateo 8.8).

Jesús quedó tan impresionado con la fe del soldado que respondió la petición en ese mismo instante. No investigó sobre la fe del esclavo. No preguntó si el hombre había confesado sus pecados o si había pedido la ayuda del Mesías. Jesús sanó al esclavo porque el centurión hizo lo que Abraham había hecho: se puso entre la persona necesitada y aquel que podía suplir esa necesidad.

Hagamos lo mismo.

Tenemos la oportunidad de ofrecer oraciones de corazón por cada persona que vemos. Podemos orar por el encargado del almacén, por la enfermera de la oficina del médico, por el equipo de mantenimiento del edificio donde trabajas. No es necesario que les cuentes de tus oraciones de intercesión. Aunque por otro lado, me sorprende la buena respuesta de las personas cuando les digo: «Me gustaría orar por ti. ¿Tienes alguna necesidad en particular?».

Como es de esperarse, cuando buscamos bendecir a otros a través de la oración, nosotros somos bendecidos. Hay estudios en los que se establecieron vínculos causativos entre la oración, la fe, la salud y la felicidad. El doctor Harold G. Koenig de la Universidad de Duke, con base en un análisis exhaustivo de más de quince mil estudios médicos confiables, concluyó que «las personas que son más religiosas y oran más tienen mejor salud mental y física». Luego afirmó que las personas espirituales, las que procuran ayuda divina, «se enfrentan mejor al estrés, experimentan un mayor bienestar porque tienen más esperanza, son más optimistas, experimentan menos depresión, menos ansiedad, y presentan un número menor de suicidios».[1]

El acto de orar por otros tiene un efecto búmeran. Nos permite desplazar la carga que llevamos por otros a los hombros de Dios. Él nos invita a echar todas nuestras cargas sobre éll (1 Pedro 5.7). Las cargas imposibles de llevar se convierten en soportables al orar por ellas. No te preocupes por los políticos. Ora por ellos. No te enojes por la situación de la iglesia. Ora por ella. No dejes que las dificultades de la vida te hundan. Entrégaselas a Dios antes de que te afecten.

En lugar de inquietarte por el futuro de tu familia, ora por ella. En vez de dar por sentado que no puedes hacer nada para ayudar a los demás, adopta la postura de la oración.

Eran las 4:30 de la mañana, un 10 de noviembre de 2008, y el cerebro de Eben Alexander comenzó a fallar. Lo atribuyó a un virus con el que venía batallando hacía varios días. Dentro de un par de horas, supo que se trataba de otra cosa. Agonizaba y estaba prácticamente paralizado. Para las 9:30, tenía el cuerpo rígido y sufría espasmos. Los ojos se le pusieron blancos y calló en coma.

El diagnóstico, difícil y sorprendente, era una forma rara de meningitis bacteriana E. coli. Nadie podía explicar su origen. Nadie se atrevía a guardar la esperanza de que sobreviviera. Anualmente, la contraen menos de uno de cada diez millones de adultos. De aquellos, más del noventa por ciento muere.

Lo irónico es que el hombre que sufría ese defecto cerebral era neurocirujano. El historial profesional del doctor Alexander impresiona incluso al más instruido de los académicos: Facultad de medicina de la Universidad de Duke. Residencia universitaria en Massachusetts General Hospital y en Harvard. Beca de investigación en neurocirugía cerebrovascular. Quince años como parte del cuerpo docente de la facultad de medicina de Harvard. Innumerables cirugías cerebrales. Autor de más de ciento cincuenta capítulos y artículos en publicaciones médicas. Presentaciones en más de doscientos congresos médicos alrededor del mundo.

Segunda ironía: el doctor Alexander no era una persona espiritual. Él sería el primero en decirte que era una persona realista. Usaba las herramientas de la medicina moderna para sanar a las personas. Nadie se sorprendió más que él con lo que vio mientras estaba en coma. «Había un zumbido fuerte y, de golpe, atravesé la apertura y me encontré en un mundo totalmente nuevo». En ese lugar, «seres relucientes atravesaron el cielo en forma de arco». Él escuchó «un sonido enorme y retumbante como un canto glorioso». Describe «una explosión de luz, color, amor y belleza que [lo] atravesaba como una ola rompiente... No parecía haber distancia entre Dios y yo».

¿Qué estaba pasando? Alguien oraba. El doctor podía no ser una persona espiritual, pero sus amigos y su familia sí lo eran. En el Lynchburg General Hospital, se empezaron a reunir. Sabían orar. Individualmente y en comunidad. A medida que pasaban los días, se preguntaban si sus oraciones eran tomadas en cuenta. Un martes, en el tercer día del coma, llamaron al pastor de su iglesia y comenzó una ola final de oraciones urgentes y estas empezaron a abrirse camino.

Eben escribió: «Bajé por los grandes paredones de nubes. Me rodeaba un murmullo, pero no podía comprender las palabras. Entonces me di cuenta de que un sinnúmero de seres me estaban rodeando, arrodillados en arcos que se extendían a la distancia. En retrospectiva, me doy cuenta de lo que estaban haciendo estas jerarquías de seres mitad vistos y mitad sentidos, extendidos en la oscuridad arriba y abajo. Ellos estaban orando por mí».[2]

El domingo en la mañana, despertó del coma. Las oraciones trajeron al doctor de vuelta a la tierra.

¿Conoces a un Eben? ¿Hay una crisis en tu mundo? ¿Estás llamado a dar esperanza donde no la pueden encontrar? ¿Es la oración lo único que tienes? Está bien. La oración es todo lo que necesitas.

Además, nada activa la felicidad como el ministerio de intercesión. Inténtalo. La próxima vez que camines por un aeropuerto lleno de gente, eleva tu corazón hacia el cielo y ora algo como lo siguiente: *Señor, bendice al hombre del traje gris. Parece exhausto. Y dales fuerza a esa mamá y a su hijo. Mira con misericordia a ese personal militar.* Antes de que te des cuenta, una caminata rutinaria se convierte en un significativo paseo de fe.

¡Sentirás la misma energía que mi hermano y yo sentíamos cuando ayudábamos a papá a construir la casa! Tu Padre te escuchará. Después de todo...

Tú eres su hijo(a). «Mirad cuál amor nos ha dado el Padre, para que seamos llamados hijos de Dios» (1 Juan 3.1). Eres parte de su familia. Acércate, no como un(a) extraño(a), sino como heredero(a) de la promesa.

Acércate al trono de Dios, no como un(a) intruso(a), sino como un(a) hijo(a) donde habita el Espíritu Santo. ¡Tú le perteneces!

Eres su embajador(a). «Así que, somos embajadores en nombre de Cristo, como si Dios rogase por medio de nosotros; os rogamos en nombre de Cristo: Reconciliaos con Dios» (2 Corintios 5.20). Un embajador representa al rey. Habla con la autoridad del trono. Lleva consigo el imprimátur de aquel que lo envió. Si el embajador envía una solicitud al rey, ¿lo escuchará el rey? Si nosotros, embajadores de Dios en este mundo, nos acercamos a nuestro Rey con una petición, ¿nos escuchará? Por supuesto que sí.

Eres miembro de su sacerdocio. Pedro dijo: «Mas vosotros sois linaje escogido, real sacerdocio, nación santa, pueblo adquirido para posesión de Dios» (1 Pedro 2.9). Aunque Dios no necesita nuestra ayuda, nos invita a colaborar con él. Mi padre no necesitaba ayuda con la casa. Aun así, nos recibió a mi hermano y a mí para que trabajáramos con él. ¿Por qué? Puedo pensar en solo una respuesta. Que él nos amaba. Quiso traspasar sus habilidades y sus valores a sus hijos.

¡Hoy, Dios está haciendo lo mismo! Cristo mismo ora (Hebreos 7.25). Y nos invita a orar con él. «... vosotros también, como piedras vivas, sed edificados como casa espiritual y sacerdocio santo, para ofrecer sacrificios espirituales aceptables a Dios por medio de Jesucristo» (1 Pedro 2.5). El trabajo del sacerdote del Antiguo Testamento era interceder por su pueblo ante Dios. Así que, en nuestra intercesión, actuamos como sacerdotes, de pie en la brecha entre las personas de la tierra y Dios.

De hecho, «nos hizo sentar con él en las regiones celestiales» (Efesios 2.6, NVI). Tú hablas en representación de tu familia, de tu vecindario, de tu equipo de sóftbol. Tu esfera de influencia es tu región. A medida que creces en fe, tu distrito se expande. Dios te carga con una preocupación por los huérfanos, por las tierras lejanas o por los necesitados. Responde a estos llamados con oración.

Sé el Abraham de tu callejón sin salida, el centurión de tus trabajadores. Suplica a Dios en representación de ellos.

¿Por qué nos diría que oráramos «venga tu reino» (Mateo 6.10, NVI) si no pudiéramos hacer ningún impacto en la venida del reino? ¡Dios no te va a prohibir la entrada! Tu oración persistente abrirá las puertas de Dios en favor de tus amigos.

Mis amigos, Dan y Nancy Pratt, relatan una historia sobre la oración que vale la pena volver a contar. Celebraron su cuadragésimo aniversario de matrimonio con un viaje del que habían conversado desde el día en que se casaron: se fueron de vacaciones a Hawái. Pero casi se arruina la excursión debido a algunos momentos de ansiedad anteriores al despegue.

Dan y Nancy tienen un hijo de treinta años, llamado Bill. Ese joven tiene un retraso lector por ambiente social desfavorable, es excelente para embolsar los abarrotes de un almacén cercano. A cada persona que ve, la saluda con un «¡hola!» a gran volumen.

Todos conocen a Bill.

Sin embargo, ese joven tiende a perderse. Según su papá, Bill tiene un doctorado en desaparecer. El plan era que Bill tomara un avión desde San Antonio hasta Atlanta y pasara la semana con su hermano.

Pero mamá y papá comenzaron a ponerse ansiosos. Cuando salían a caminar diariamente, cuando comían, y cuando se levantaban y se iban a la cama, le explicaban en detalle el proceso del viaje. Parecía que Bill entendía el plan. Aun así estaban preocupados.

Entonces Dan y Nancy convirtieron esas preocupaciones en oraciones. Reclutaron a varios amigos y familiares para que oraran por protección a favor de Bill. Oraron justo hasta el momento de ir al aeropuerto.

Dan necesitó un pase especial para poder acompañar a Bill hasta la puerta. Bill estaba nervioso, así es que, para quemar energía, caminaban de aquí para allá en el vestíbulo. Nancy los llamó dos veces. El hermano de Atlanta llamó una. Toda la familia estaba nerviosa.

Finalmente, diez minutos antes de embarcarse, Dan acompañó a Bill hasta la puerta. Cuando le pasaba a Bill su pase de abordar, dos mujeres gritaron: «¡Oye, Bill!». Conocían a Bill del almacén. Estaban en el mismo vuelo. Justo cuando terminaban de saludarlo, un hombre gritó: «¡Oye, Bill! ¿Quién me va a ayudar a llevar los filetes?». Iba camino a Atlanta también. Durante los diez minutos siguientes, otras personas reconocieron al joven y lo saludaron. Ya cuando abordó, iba con nueve amigos que lo cuidarían en el avión, uno de los cuales se ofreció a llevarlo hasta dejarlo con su hermano.

Cuando Dan informó de las noticias a Nancy, se le quebró la voz de emoción. Ella recordó la reafirmación de una amiga: «No te preocupes, Nancy. Nuestro buen Bill se encontrará con alguien que lo conozca y cuidara de él».[3]

Sí, pero ¿nueve personas?

Dios escuchó las oraciones de los familiares y la de los amigos.

También escuchará la tuya, amigo(a) mío(a).

Podemos hacer mucho después de orar, pero no podemos hacer nada hasta que no oramos. Antes de servir, antes de enseñar, antes de dar ánimo, oremos. Nuestro llamado es ser un Abraham en representación de las personas de nuestro mundo. Sitúate entre ellos y Dios, y habla. Ten por seguro que él te escuchará.

7

Sirve tú

«Sírvanse los unos a los
otros por amor».

—GÁLATAS 5.13, RVC

Lo recuerdo como un hombre grande, con una contextura como la de un bloque de concreto. Usaba el cabello al rape, corbata y camisas blancas de manga corta con un protector de bolsillo siempre presente. Yo era uno de los niños de cuarto grado que asistía al estudio bíblico que él impartía cada miércoles, en la congregación Parkview Church of Christ de la ciudad de Odesa, Texas. La sala de clases tenía por lo menos doce pupitres. No recuerdo el nombre del profesor. Tampoco los detalles de su vida. ¿Era plomero o cartero? No tengo idea.

Lo que recuerdo con alarmante detalle es la tarde del 10 de febrero de 1965. Intentaba enseñarle a su grupo de niños de diez años el significado del séptimo capítulo de Romanos. Esa es la sección donde el apóstol Pablo confesaba la guerra civil que asolaba su corazón. El tema era denso para un grupo de niños. Cuando habló acerca de la conciencia atribulada y la necesidad de perdón, yo tomé nota.

No le di ninguna razón al profesor para pensar que la clase había dejado una marca en mí. No hice ninguna pregunta ni le agradecí por sus palabras. Probablemente se haya ido a casa sin entender mucho o nada del impacto de esa clase. Si su esposa le hubiese preguntado: «¿Cómo estuvo la clase?», él se habría encogido de hombros y habría dicho: «No sé. Esos niños no hablan mucho». Lo que no sabía era que el pecoso pelirrojo de la segunda fila estaba escuchando.

Esa noche, entré en el dormitorio de mi padre y le pregunté sobre el cielo. Papá se sentó en la esquina de la cama y me invitó a hacer lo mismo. Me habló sobre la gracia. Le pedí a Jesús que me perdonara. Me bauticé al domingo siguiente. Comenzó un nuevo yo.

A lo largo de los años, a menudo he pensado en ese profesor. No era pastor. No era dinámico. Era propenso a titubear al hablar. No tenía título ni grado seminarista ni un puesto reservado en el estacionamiento de la iglesia. Nunca llenó estadios. Hasta donde sé, nunca fundó una iglesia. No era experto en crecimiento de iglesias ni en resolver el hambre mundial. Si en su testamento dejó una donación cuantiosa para una organización sin fines de lucro, nunca he sabido de eso. Pero su enseñanza redireccionó mi camino.

No lo he visto desde entonces, pero he visto a cientos como él. Servidores silenciosos. Los actores secundarios del reino de Dios. Buscan hacer lo correcto. Se presentan donde los llaman. Abren la puerta. Hacen la cena. Visitan al enfermo. Rara vez los ves frente a una audiencia. Es el último lugar donde quieren estar. No se paran detrás del púlpito; se aseguran de que el púlpito esté ahí. No usan micrófono pero se aseguran de que esté encendido.

Encarnan el siguiente verso: «Hermanos, ustedes han sido llamados a la libertad, sólo que no usen la libertad como pretexto para pecar; más bien, sírvanse los unos a los otros por amor» (Gálatas 5.13, RVC). Estas palabras aparecen al final de un documento que trata acerca de la liberación. A lo largo de cinco capítulos, el apóstol Pablo proclamó: «¡Son libres! Libres del pecado. Libres de las reglas. Libres de las normas. Ya no llevan el yugo de la esclavitud y ha comenzado su liberación».

Sin embargo, nuestra libertad no es excusa para hacer todo lo que deseemos. Todo lo contrario. Puesto que somos libres, podemos servir. Voluntariamente, nos contratamos a nosotros mismos para servir a otros. En una sociedad que busca que la sirvan, nosotros buscamos oportunidades para servir a los demás.

Andrés fue un gran servidor. Era el hermano de Pedro. Venía del mismo pueblo que Santiago y Juan. Pero cuando hablamos del círculo íntimo de Pedro, Santiago y Juan, no mencionamos a Andrés. Su nombre nunca aparece al comienzo de la lista de líderes. Vivió a la sombra de otros. En la foto grupal, aparecía al costado, con las manos en los bolsillos. A lo mejor, era el que sujetaba la cámara.

Sin embargo, *silencioso* no significa autocomplaciente. Solo porque Andrés evitaba estar en el primer plano, no significaba que no tuviera fuego. Llevó a su hermano Pedro ante Jesús. Pedro pasó a predicar el primer sermón. Pedro fue el líder de la iglesia de Jerusalén. Pedro llevó el evangelio a los gentiles. Escribió cartas que nosotros aún leemos. Defendió al apóstol Pablo. Cualquiera que aprecie las cartas de Pablo, le debe gratitud a Pedro. Y cualquiera que se haya beneficiado de la fe de Pedro, como la de una roca, tiene una deuda con el espíritu servicial de Andrés.

Por cierto, fue el espíritu servicial de María lo que llevó a Dios a elegirla para ser la madre de Jesús. No era una estudiosa ni miembro sofisticada de la alta sociedad. Ella era una chica simple. Sencilla. Una campesina. Se mezclaba entre la gente. Era de Nazaret, una villa polvorienta de un distrito oprimido de Galilea.

En el estrato social de sus días, María estaba en el último peldaño. Como judía, daba cuenta a los romanos. Como mujer, era subordinada a los hombres. Como joven, ocupaba el segundo lugar después de las mujeres mayores. Era pobre, así que estaba por debajo de las clases más altas.

María era extraordinariamente común. Con todo, esta virtud la distinguía del resto: «Soy la esclava del Señor. Que suceda todo tal como me lo has dicho» (Lucas 1.38, TLA).

Cuando Dios quiso traer a Jesús al mundo, andaba en busca de siervos. No se requieren diplomas. No se especifica linaje. La cuenta corriente no es relevante. No importa el lugar de nacimiento. A todos los modestos del mundo, les recuerdo: Dios te puede usar.

A todos los orgullosos del mundo, les advierto: Dios te corregirá.

Pecado es la palabra que se usa en la Biblia para describir el rasgo arrogante que genera la autoexaltación. El pecado engendra una sensación de derecho. El pecado describe el problema que suscitó mi mascullar en el estacionamiento del centro comercial. Una mujer ocupó mi lugar para aparcar. El que yo quería. El que yo necesitaba. El que yo había estado esperando (¡Tenía la luz de cruce encendida, por todos los cielos!). El que yo me merecía porque estaba apurado, y porque soy muy importante y no tengo tiempo para holgazanear en los centros comerciales, porque soy un hombre de Dios y porque era la semana anterior a Navidad.

Para los pastores, las fiestas son una época ajetreada y encontrar disponible un lugar para aparcar en el momento justo es prueba del favor de Dios sobre mí. ¿Cómo se atreve esa mujer a llevarse mi bendición? Pero lo hizo. Pensé decirle algo. Me alegra tanto haberme mordido la lengua, porque cuando me vio pasar en el auto, dijo: «¡Hola, pastor Max! ¡Nos vemos el domingo!».

Multiplica la arrogancia que me atacó en el estacionamiento por siete mil millones de seres humanos que viven en el mismo planeta. Luego vuelve a multiplicarlo por los montones de veces que, cada día, nos ataca a cada uno de nosotros. Con razón este mundo es un desastre.

El sentirse con derechos, ciertamente, atacó a la madre de Santiago y de Juan.

Entonces se le acercó [a Jesús] la madre de los hijos de Zebedeo con sus hijos [Santiago y Juan], postrándose ante él y pidiéndole algo.

Él le dijo: ¿Qué quieres?

Ella le dijo: «Ordena que en tu reino se sienten estos dos hijos míos, el uno a tu derecha, y el otro a tu izquierda». (Mateo 20.20, 21)

A veces, nos preguntamos si los discípulos escuchaban a Jesús cuando hablaba. Nada más una página antes en ese evangelio, leemos que Jesús les decía que imitaran al espíritu de los niños (Mateo 19.13-15). Le dijo al joven gobernante rico que dejara de confiar en sí mismo y comenzara a confiar en Dios (Mateo 19.16-21). Declaró: «Así que los últimos serán primeros, y los primeros, últimos» (Mateo 20.16, NVI). Por tercera vez predijo su muerte, entierro y resurrección (Mateo 20.17-19).

¿Pero alguno de los seguidores le pidió a Jesús que explicara el significado de la humildad? ¿Alguno lo consoló? No. La única respuesta vino de la madre de Santiago y Juan al solicitar para sus hijos cargos de gabinete en el nuevo reino.

Para ella no era suficiente que sus hijos atestiguaran los milagros de Cristo. Para ellos no era suficiente ser elegidos como apóstoles, ser designados como miembros del círculo íntimo y haber estado en el Monte de la Transfiguración. Quería que los rostros de sus hijos quedaran esculpidos en la piedra del Monte Rushmore, junto con el de Jesús. Uno a su derecha y otro a su izquierda.

Inmediatamente Jesús corrigió su deseo.

Mas entre vosotros no será así, sino que el que quiera hacerse grande entre vosotros, será vuestro servidor; y el que quiera ser el primero entre vosotros, será vuestro siervo; como el Hijo del Hombre no vino para ser servido, sino para servir, y para dar su vida en rescate por muchos. (Mateo 20.26-28)

Jesús vino a servir.

En una de las apariciones a sus seguidores, ellos se encontraban en el mar de Galilea cuando escucharon que él los llamaba desde la orilla. Cuando les indicó dónde encontrar peces, se dieron cuenta de que era Jesús. Pedro se zambulló en el agua y nadó hasta la orilla. Los otros discípulos tomaron los remos. Cuando llegaron a la playa, vieron lo más extraordinario: ¡Jesús estaba cocinando! Les dijo: «Vengan a desayunar» (Juan 21.12, NVI).

¿No deberían invertirse los roles? Jesús acababa de sacar las puertas del infierno de sus bisagras. Había destripado al diablo. Había dejado un depósito de gracia que compensaría nuestra deuda del pecado para siempre. Había sentenciado a muerte a los demonios y liberado a todo pecador desde Adán. Él, el Gobernante del universo, el sin igual, ¿se puso un delantal?

Es más, todavía tiene que quitárselo. Promete un festín en el cielo, en el «que se ceñirá, y hará que se sienten a la mesa, y, pasando cerca de cada uno, les servirá» (Lucas 12.37).

¿Te imaginas ese panorama? Filas y filas de mesas cargadas de comida. Los redimidos de todas las eras celebrando y cantando, y alguien pregunta: «¿Ha visto alguien a Jesús?». Otro responde: «Sí. Está al otro lado de la sala de banquetes, sirviendo té».

Aunque Cristo siempre fue igual a Dios. No insistió en esa igualdad.

Al contrario, renunció a esa igualdad, y se hizo igual a nosotros, haciéndose esclavo de todos. (Filipenses 2.6-7, TLA)

Se contentó con el más humilde de los títulos. Se contentó con que lo llamaran siervo.

Supón que asumes ese rol. Sé el familiar que se ofrece a lavar los platos después de cenar. Sé el colega que sirve al personal, llegando puntualmente a cada reunión y escuchando con atención. Sé el miembro de la iglesia que apoya al pastor en oración y con comentarios de ánimo. Sé el vecino que corta el pasto de la pareja de ancianos que vive al lado.

¿Te puedes imaginar los beneficios gratificantes de estas decisiones?

¡Claro que sí! Lo has experimentado. Cuando le llevas un pastel a tu colega enfermo o le cantas a un niño enfermo, ¿no se vieron ambos animados por eso? Ya te has salido de la mezquindad de Scrooge lo suficiente como para saber que la forma más fácil de hacerte sonreír a ti mismo es haciendo sonreír a alguien primero.

Contrástalo con la situación de Moe y Joe. Moe espera que todos le sirvan. Cuando despierta en la mañana, piensa: *¿Alguien me va a traer café?* Sale de su casa pensando: *Más vale que el tráfico esté expedito.* Si el servicio del vendedor de la tienda de abarrotes es lento, Moe se enoja. Si el asistente del estacionamiento se olvida del nombre de Moe, este se queja. Si, en el trabajo, los empleados necesitan más tiempo que el que Moe quiere darles, Moe se los hace saber.

Moe tiene grandes expectativas del mundo. Él espera que le sirvan. Espera que la gente se adapte a sus planes, que satisfaga sus necesidades y que lo recompense. Por consiguiente, Moe, rara vez, se siente feliz. El servicio está demasiado lento, el traslado en auto toma mucho tiempo y los empleados no se acuerdan de su nombre lo suficientemente rápido.

Moe, triste Moe.

Por otro lado, Joe mide el éxito que tuvo en el día según este estándar: ¿a quién puedo ayudar hoy? Dado que siempre hay personas que necesitan ayudan Joe tiene un éxito descabellado. Sirve a su esposa, llevándole café en la mañana. Sirve al cajero de la tienda de abarrotes, sonriéndole. Sirve al asistente del estacionamiento, dándole palabras de ánimo.

¿Hay mal clima? ¿El tráfico está feo? No hay problema. El mundo no está para cuidar de él. El propósito de su vida es cuidar de otros. Las circunstancias no lo afectan. Joe va a la cama con una sonrisa en el rostro.

Moe es infeliz y hace fruncir el ceño a la gente.

Joe es feliz y hace sonreír a la gente.

¿Cuál eres tú? ¿Moe? ¿Joe? ¿O tienes un poco de ambos? ¿Mo-Jo?

Tal vez sea el momento de mirar la vida de manera diferente. Haz que tu felicidad dependa de que los demás te sirvan y siempre te sentirás decepcionado. Encuentra felicidad en servir a otros y... Bueno, puedes completar la oración.

Los estudios son claros. Hacer bien hace bien al que lo hace bien. En 2010, se llevó a cabo un estudio entre más de 4.500 adultos estadounidenses y se descubrió que, de las personas que hacían labores de voluntariado en un promedio de más de cien horas por año, sesenta y ocho por ciento informó sentirse más saludable físicamente. Además, setenta y tres por ciento dijo que hacer labores de este tipo «baja mis niveles de estrés» y ochenta y nueve por ciento afirmó que este servicio «ha mejorado mi sensación de bienestar».[1]

Elevamos nuestra alegría al darla a otros.

En un estudio independiente, el psicólogo Bernard Rimland pidió a los participantes que hicieran una lista de diez personas que conocieran y que las caracterizaran como felices o infelices. Luego les solicitó que revisaran la lista y que categorizaran a cada persona como egoísta o generosa. Los hallazgos permitieron a Rimland llegar a una conclusión que refleja el tema de este libro: «Todos los que fueron calificados como felices, fueron también calificados como generosos».[2] ¡Va en tu propio beneficio cuidar los intereses de otros! La forma de hacerte sonreír es haciendo sonreír a otro primero.

Mucho antes de que un equipo investigativo ponderara los beneficios del servicio, Dios los prometía.

> ... si te dedicas a ayudar a los hambrientos
>
> y a saciar la necesidad del desvalido,
>
> entonces brillará tu luz en las tinieblas,
>
> y *como el mediodía será tu noche.*
>
> El SEÑOR te guiará siempre;
>
> te saciará en tierras resecas,
>
> y fortalecerá tus huesos.
>
> Serás como jardín bien regado,
>
> como manantial cuyas aguas no se agotan.
>
> (ISAÍAS 58.10, 11 NVI, ÉNFASIS AÑADIDO)

¿Qué pasaría si todos asumiéramos el rol de siervo? ¿Cuántos matrimonios serían bendecidos? Si los políticos se dispusieran a servir a su gente más que a sí mismos, ¿se beneficiaría su país? Si las iglesias estuvieran llenas de siervos sinceros, ¿cuántos niños de diez años escucharían la invitación de su vida?

En el pasillo de mi memoria, cuelga una fotografía. Es la imagen de dos personas: un hombre y una mujer, una pareja en la séptima década de sus vidas.

El hombre yace en una cama de hospital. Pero esta se encuentra en una sala de estar, no en una habitación de hospital.

Para todos los efectos prácticos, su cuerpo es inútil. Los músculos están tan deteriorados por la esclerosis lateral amiotrófica, que se estrechan de hueso a hueso como la tela que se extiende con sus rayos al abrir un paraguas.

Respira a través de una manguera que se adhiere a un orificio que tiene en la base de la garganta. Y aunque su cuerpo no funciona, sus ojos se mueven buscando algo. Con ellos, examina la habitación buscando a su compañera, una mujer cuya edad queda escondida tras su vigor juvenil. Su cabello es gris, pero se ve enérgica y saludable en contraste con la figura que yace en la cama.

Ella, por voluntad propia, comienza su tarea del día: cuidar de su esposo. Con una lealtad indefectible, hace lo que viene haciendo durante los últimos dos años. No es tarea fácil. Debe afeitarlo, bañarlo, alimentarlo, peinarlo y lavarle los dientes.

Ella toma la mano de su esposo mientras se sientan y ven televisión juntos.

Se levanta en medio de la noche y succiona los pulmones de su marido.

Se inclina hacia él y besa su rostro afiebrado.

Le sirve.

Lleva el linaje de Andrés y María.

Para el momento en que mi padre dio su último respiro, ambos llevaban más de cuarenta años casados. El día que lo enterramos, le agradecí a mi mamá por ser un modelo del espíritu de Cristo: un siervo silencioso.

8

Cosas incómodas

Por tanto, acéptense mutuamente,
así como Cristo los aceptó a
ustedes para gloria de Dios.

—ROMANOS 15.7, NVI

Había una vez, en una tierra no muy lejana a la nuestra, un vecindario ordenado, con un césped bien mantenido. Sus residentes tenían las calles limpias, el pasto cortado y los estándares altos. En cada hogar había dos hijos, dos padres, un perro o un gato y un pez dorado. Sacaban a pasear al perro, saludaban al cartero y apagaban las luces cerca de las diez de la noche. Disfrutaban de una vida tranquila. Pero luego, en un momento, toda esa tranquilidad quedó patas arriba. Un hombre compró la casa de ladrillo que estaba en la esquina de Los Robles con Los Olmos. Un hombre soltero. No tenía familia. No tenía pareja. Un hombre soltero llamado Leví.

Resultó que Leví conducía un Corvette, bien equipado y descapotable. Resultó que Leví cortaba el pasto con el torso descubierto. Resultó que Leví instaló una piscina, una plataforma de madera, una parrilla y un sistema de sonido para exteriores. Mientras el resto de los vecinos bajaba las revoluciones en la noche, Leví las subía.

Él hacía fiestas. Sus amigos venían del área sórdida de la ciudad. Conducían camionetas con muchos hidráulicos y chevys que rosaban el pavimento. Los hombres vestían botas Dingo y usaban tatuajes. Las mujeres vestían tops largos y ajustados. Algunos de ellos tenían los abdominales definidos en seis; otros llegaban con paquetes de seis cervezas. Todos hablaban muy fuerte, bebían demasiado y festejaban hasta muy tarde en la noche.

Un domingo por la mañana, cuando las buenas personas del buen vecindario se dirigían a la iglesia, estas se fijaron en las latas de cerveza que estaban desparramadas en el jardín delantero del nuevo vecino; por lo que les decían a sus hijos: «Ese hombre necesita a Cristo Jesús».

Y Jesús vino. Entró caminando al vecindario y avanzó por la calle. Pasó casa por casa, preguntando si alguien tenía tiempo para conversar, jugar dominó o asar hamburguesas.

Pero ¿quién tenía tiempo para esas estupideces? Tenían que trabajar, cumplir con sus toques de queda y hacer las tareas del hogar. Nadie tenía tiempo para Jesús. Es decir, nadie salvo el sujeto de la esquina de Los Robles con Los Olmos. El sujeto del auto llamativo y de amigos bulliciosos. Él tenía tiempo.

Jesús tocó la puerta de Leví y este lo invitó a cenar. Los dos se llevaron bien. Pasaron tiempo juntos, se contaron chistes y conversaron acerca de la vida. Finalmente, Leví le contó a Jesús sobre su pasado oscuro; Jesús le habló del perdón y del futuro. Leví preguntó: «¿Incluso para mí?». Jesús sonrió. «Sí, especialmente para alguien como tú».

Un día Jesús le hizo una visita especial y le ofreció lo siguiente: «... Sígueme. Leví se levantó y, dejándolo todo, lo siguió» (Lucas 5.27, 28, BLPH).

Leví. Más conocido como Mateo: Mateo el apóstol, el escritor de los evangelios, el seguidor de Jesús de la primera generación. Pero antes de ser Mateo, fue Leví. Antes de ser un bello vitral, fue un conjunto de vidrios manchados. Antes de ser uno de los contribuyentes a la escritura de la Biblia, contribuyó a su propia riqueza a costa del bolsillo y de la cartera de sus compatriotas.

Mateo era publicano, un judío que trabajaba para el servicio de impuestos internos de Roma. El emperador les permitía a los recolectores de impuestos cobrar un gravamen por todo y por cualquier cosa. Siempre y cuando Roma recibiera su parte, esos trabajadores públicos podían cobrar lo que quisieran. Y lo hacían. Se hacían ricos empobreciendo a la gente. En las paredes, su misión estaba enmarcada y versaba así: «Saca todo lo que puedas y quédate con todo lo que saques».

Así es cómo Mateo podía costearse el Corvette y las fiestas. Por eso era descarado y descontrolado. Hacía mucho tiempo que había cambiado su dignidad y autoestima por una billetera gorda y un auto veloz. Nunca lo invitaban a las barbacoas del vecindario, nunca lo incluían en las reuniones de exalumnos de la secundaria. La gente murmuraba mientras pasaba: «Ahí va Leví, la sanguijuela». Era un canalla, un estafador y más rastrero que el vientre de una serpiente. Era recolector de impuestos.

Sin embargo, Jesús vio potencial en Mateo. Mateo vio redención en Jesús. Así es que, cuando Jesús le hizo la oferta, Mateo la aceptó. Se unió a la heterogénea banda de discípulos de Jesús.

Pero aunque Mateo tenía una nueva vida, no podía olvidarse de sus viejos amigos. Extrañaba a la pandilla. Sin duda el lenguaje de ellos era agudo y la moral, libertina. Iban a clubes para hombres y pasaban los fines de semana en los casinos. Se vestían muy bien, bebían mucho y vivían muy rápido, pero Mateo tenía preocupación por ellos. Un día le dijo a Jesús:

—Me gusta tu grupo. Me agrada Pedro, Juan y los otros, pero extraño mucho a Billy Bob, a Bubba Joe y a Betty Sue...

—Te voy a decir algo —Jesús dijo—. Ser mi amigo no significa que no puedas ser amigo de ellos. Me encantaría conocerlos.

Mateo se levantó rápidamente.

—¿En serio? No son del tipo que va a la iglesia. No son bienvenidos en las sinagogas.

—No hay problema. Yo tampoco. ¿Qué tal si hacemos una fiesta? Juntemos a los dos grupos, a Pedro y Tomás, y a Billy Bob y a Bubba Sue.

—Se llama Bubba Joe. Pero es una gran idea.

Mateo llamó al proveedor de banquetes e hizo una lista de invitados. «Luego Leví le ofreció un gran banquete en su casa, y había allí un grupo numeroso de recaudadores de impuestos y otras personas que estaban comiendo con él» (Lucas 5.29, NVI).

Esto no era un simple asado en el patio trasero. Era un gran banquete con muchas personas. Vino elegante. Meseros especializados. Comida en todas las mesas, invitados en cada rincón. Y no era cualquier tipo de invitado, era una afluencia curiosa de motociclistas con mujeres bellas, y principiantes de la Biblia. Los apóstoles se entremezclaban con los demagogos. En la misma fiesta, estaban gente de la *hora feliz* asidua a los bares y gente de la escuela dominical.

Jesús estaba emocionado.

Pero los líderes religiosos estaban irritados.

Los llamaban fariseos. El apodo venía de una palabra aramea que significaba «separar, debido a una manera de vivir diferente a la de la generalidad de la gente».[1] Lo que más les importaba era separarse de los pecadores. Según la definición de ellos, la santidad significaba enclaustrarse, ponerse en cuarentena y aislarse del mundo. Las personas buenas, las personas de Dios, cerraban filas. Ellos no se llevaban bien con las personas malas.

Cuando los fariseos se enteraron de la fiesta, se colaron. Marcharon hacia la casa de Mateo, vestidos de ceños fruncidos y con miradas de desaprobación, cargando ejemplares supergordos de la Biblia. Comenzaron a apuntar con el dedo y le exigieron una respuesta a Jesús. «¿Por qué comen y beben ustedes con recaudadores de impuestos y pecadores?» (Lucas 5.30, NVI).

Los amigos de Mateo se quejaron. Ya sabían cómo funcionaba el asunto. Sabían que no encajaban ahí. Toda su vida, les habían dicho que no eran lo suficientemente buenos para Dios. Empezaron a juntar sus cosas para marcharse. La fiesta había terminado.

De manera explícita, Jesús dijo: «No tan rápido». Se puso en la vereda de sus invitados, no de manera literal sino de manera simbólica. Defendió a Mateo y a sus amigos. «No son los sanos los que necesitan médico, sino los enfermos —les contestó Jesús—. No he venido a llamar a justos, sino a pecadores para que se arrepientan» (Lucas 5.31, 32, NVI).

Jesús lanzó esas palabras con ironía. Los fariseos se consideraban «sanos» y «justos» espiritualmente. Pero en realidad, estaban enfermos y eran unos mojigatos. Pero dado que ellos creían no estar enfermos, creían no necesitar a Jesús.

Mateo y su banda, por el contrario, le hicieron espacio a Jesús. Como resultado, Jesús les hizo espacio a ellos.

¿Hacemos eso nosotros?

Una de las preguntas más difíciles en cuanto a las relaciones humanas es: «¿Qué hacemos con un Leví?».

El leví de tu vida es la persona con la cual disientes en lo fundamental. Ambos siguen diferentes sistemas de valores. Obedecen filosofías distintas. Se adhieren a códigos de conducta, de vestimenta y de fe distintos.

Tú tienes un auto híbrido; él conduce una camioneta traga-gasolina que contamina el ambiente.

Tú eres republicano y ella es demócrata.

Tú amas a tu esposo y ella vive con su esposa.

Tú leví es «el opuesto a ti».

Los opuestos a ti pueden vaciarte el tanque de alegría. Hay tensión e incomodidad. La ira puede surgir como una llama, sea esta grande o pequeña. No ser capaz de manejar esa relación puede llevar al aislamiento, al prejuicio y a la intolerancia.

¿Qué pasaría si «el opuesto a ti» fuera tu jefe? ¿O tu vecino de al lado? ¿O tu colega? ¿Qué pasaría si «el opuesto a ti» fuera tu padre o tu hija?

¿Cómo quiere Dios que respondamos a los levíes del mundo? ¿Quiere que los ignoremos? ¿Que compartamos una comida con ellos? ¿Que nos vayamos cuando ellos llegan? ¿Que les pidamos que se vayan para que nosotros podamos quedarnos? ¿Que conversemos sobre nuestras diferencias? ¿Que las descartemos? ¿Que discutamos? ¿Que los evitemos?

Me pregunto si en esta exhortación breve se encuentra la mejor respuesta: «Por tanto, acéptense mutuamente, así como Cristo los aceptó a ustedes para gloria de Dios» (Romanos 15.7, NVI).

Este pasaje de treinta versículos resume el llamado a la unidad que Pablo hizo a la iglesia romana (Romanos 14.1—15.7). El apóstol comenzó y finalizó el tratado con el mismo verbo en griego: *proslambanó*, el cual significa más que tolerar y coexistir. Como escribió el sacerdote anglicano John Stott: "Significa dar la bienvenida a la hermandad de uno y al corazón de uno. Implica la calidez y la gentileza del amor genuino".[2]

Pablo usó esa palabra para instar a Filemón a recibir al esclavo Onésimo de la misma forma en que lo habría recibido a él (Filemón v. 17). Lucas usó esa palabra para describir la hospitalidad que tuvieron los malteses con aquellos que habían naufragado (Hechos 28.2). Y, especialmente, Jesús la usó para describir la manera en que nos recibe a nosotros (Juan 14.3).

¿Cómo nos recibe? Lo sé por cómo me trató.

Yo era un joven de veinte años, problemático, cuya vida iba cuesta abajo. Aunque había hecho un compromiso con Cristo diez años antes, por mi forma de vivir no lo habrías sabido. Pasé cinco años, cada domingo en la mañana, declarando que era hijo de Dios y siendo amigo del diablo los sábados en la noche. Era un hipócrita. Tenía dos caras, era demasiado promiscuo y un ególatra.

Estaba perdido. Perdido como Leví.

Cuando finalmente me harté de estar sentado en el corral de los cerdos, escuché por ahí acerca de la gracia de Dios. Me acerqué a Jesús y él me volvió a recibir.

Cabe mencionar que Jesús no aceptaba mi comportamiento. No apoyaba mis riñas ni mi actitud problemática. No era fanático de lo indulgente que era conmigo mismo ni de mis prejuicios. ¿Mi propensión a jactarme, a manipular y a exagerar? ¿Mi actitud chovinista? Todo eso tenía que desaparecer. Jesús no pasaba por alto al Max egocéntrico que yo había inventado. Él no aceptaba mi comportamiento pecaminoso.

Pero *me aceptó a mí*, a su terco hijo. Él aceptó lo que podría hacer conmigo. No me dijo que me limpiara y que volviera después. Dijo: «Vuelve y yo te limpio». Él estaba «lleno de gracia y de verdad» (Juan 1.14, NVI). No solo de gracia, sino también de verdad.

Gracia *y* verdad.

La *gracia* le dijo a la mujer adúltera: «Tampoco yo te condeno» (Juan 8.11, NVI).

La *verdad* le dijo: «Vete, y no peques ya más» (Juan 8.11).

La *gracia* invitó a un estafador llamado Zaqueo a ser el anfitrión de Jesús en un almuerzo.

La *verdad* lo impulsó a vender la mitad de sus pertenencias y dar a los pobres (Lucas 19.1-8).

La *gracia* lavó los pies de los discípulos.

La *verdad* les dijo «... para que como yo os he hecho, vosotros también hagáis así» (Juan 13.15).

La *gracia* invitó a Pedro a bajarse del bote y a caminar sobre el mar. La *verdad* lo regañó por su falta de fe (Mateo 14.28-31).

La *gracia* invitó a la mujer del pozo a beber agua eterna.
La *verdad*, discretamente, le recordó que había tenido cinco maridos y que ahora convivía con su novio (Juan 4.4-18).

Jesús tuvo la gracia suficiente para encontrarse con Nicodemo en la noche.

Tuvo la verdad suficiente para decirle: «De cierto, de cierto te digo, que el que no nace de nuevo, no puede ver el reino de Dios» (Juan 3.3).

Jesús ofrecía gracia pero con verdad.

Gracia y verdad. La aceptación busca ofrecer ambas cosas.

Si solo ofrecemos gracia, pasamos por alto la verdad. Si solo ofrecemos verdad, descartamos el gozo de la gracia. Nuestra meta es lograr un equilibrio entre ambas cosas. ¡Ojalá ese equilibrio fuera fácil de lograr! Yo me he inclinado hacia ambas direcciones. He sido tan celoso de la verdad que he olvidado la gracia. He sido un abanderado de la tolerancia y he omitido la verdad.

Recuerdo una ocasión en la que trataba de animar a una mujer cuyo matrimonio estaba en caos. Ella consideraba divorciarse. Su marido la maltrataba verbalmente, era probable que estuviera en adulterio.

—Vamos, déjalo —la insté. Pasaron varios meses y no escuché nada de ella. Cuando finalmente la volví a ver, me dijo:

—Me recuperé, mi fe es fuerte, y no fue gracias a usted.

—¿Qué?

—Usted me dio una salida —me dijo—. Yo necesitaba que me desafiaran a seguir.

El eslogan «odia el pecado y ama al pecador» queda perfecto como pegatina en el parabrisas, pero ¿cómo incorporamos ese principio al corazón?

Tal vez las siguientes ideas te ayuden.

Resérvate el juicio. Que todo aquel que conozcas sea una persona nueva en tu mente. Nada de etiquetas ni de nociones preconcebidas. Las etiquetas son para las cosas, no para las personas.

En el tiempo en que preparaba estos capítulos, un sábado en la tarde, iba caminando por el centro de una ciudad importante. Me fijé en un hombre de aspecto macilento, sentado en los peldaños de concreto de un edificio. Llevaba puesto un gorro tejido, ropa sucia y su barba era abundante. A sus pies, había una lata de su bebida favorita.

En cierto modo, en mi mundo, aquel hombre era Leví. Podría haber pasado de largo. Pero, bueno... estaba predicando una serie de sermones basados en los pasajes que incluían la frase «unos a otros» y similares, que se enfocaban en cómo hacer felices a los demás; así que dejé de lado mi incomodidad y me senté a su lado. Lo había tomado por vagabundo, indigente y desempleado. Me equivoqué.

Resultó que era tramoyista y que le pagaban por eso. Recién había salido de su turno de noche. Hablamos unos momentos sobre su profesión, varias décadas de armar y desarmar escenarios para lo mejor de la música country. Me contó acerca de algunos de los cantantes que había conocido. También me contó que Dios había bendecido su vida y que sentía el favor del Señor. Lo juzgué mal. Me alejé un poco avergonzado.

Raleigh Washington es un ministro afroamericano que ha dedicado gran parte de su vida a la reconciliación racial. Dice que la afirmación más importante del modelo para construir puentes y para fomentar la colaboración entre equipos es esta: «Ayúdame a entender cómo es ser tú».[3]

Ayúdame a entender cómo es ser un adolescente en estos tiempos.
Ayúdame a entender cómo es haber nacido en la opulencia.
Ayúdame a entender los problemas que enfrentas como inmigrante.
Ayúdame a entender cómo es ser mujer en una empresa de hombres.

Luego siéntate y escucha. Escucha de verdad. Escuchar es un bálsamo sanador para las emociones heridas. (Un amigo admitió ante mí: «A menudo, parece que estoy escuchando, cuando en realidad me estoy recargando»).

«Sean de un mismo sentir [de una misma mente; vivan en armonía], entiéndanse los unos a los otros [sean empáticos], amándose los unos a los otros como familia [mostrando amor fraternal], siendo amables [cariñosos; compasivos] y humildes (1 Pedro 3.8, traducción libre de la versión EXPANDED BIBLE).

Abraham Lincoln dejó un modelo para este tipo de aceptación. Durante la Guerra Civil de Estados Unidos, cuando su esposa criticó a las personas del Sur, él le dijo: «No los critiques, Mary; ellos son solamente lo que nosotros seríamos bajo circunstancias similares».[4]

Nunca jamás se nos ha llamado a redimir al mundo. El carácter de «salvador de la humanidad» no está en tu descripción laboral ni en la mía. ¿Animar, corregir, aplaudir y amonestar? Ciertamente. Pero ¿salvar al mundo? De ninguna manera. Hay un solo Mesías y un solo trono. No eres tú, y el trono no es tuyo.

Renuncia a ese papel. Hacer lo contrario es sentenciarte a una vida miserable. El peso del mundo te aplastará. Recuerda la fiesta de Leví. ¿Quiénes se perdieron la diversión? Los fariseos de rostro severo.

La felicidad no llega reparando a la gente, sino aceptando a las personas y confiándolas al cuidado de Dios. Eso fue lo que Jesús hizo. De lo contrario, ¿cómo lo habría soportado? Nadie conocía la hipocresía y los errores del ser humano mejor que él. Cristo sabía exactamente lo que las personas necesitaban, pero les daba tiempo y espacio para crecer. ¿Acaso no somos sabios para hacer lo mismo?

Resiste las ganas de gritar. Solíamos gritar mucho en el patio de nuestra escuela primaria. Todos los niños del quinto año, cuya maestra era la señorita Amburgy, nos uníamos para expresar nuestra superioridad masculina. Todos los días nos juntábamos en el recreo y, con los brazos enganchados, marchábamos por el patio, gritando: «¡Los niños son mejores que las niñas! ¡Los niños son mejores que las niñas!». Francamente, yo no estaba de acuerdo con aquello, pero disfrutaba la fraternidad.

Como respuesta, las niñas formaban su propio club. Desfilaban por la escuela, anunciando su desdén por los niños: «Las niñas son mejores que los niños». Éramos una escuela feliz.

Se siente bien gritarle a Leví. ¿Pero hace bien?

Me parece que hay muchos gritos dando vuelta.

En las ondas de radio, gritos.

En las pegatinas del auto, gritos.

En las noticias, gritos.

En las redes sociales, gritos.

Gritan desde todas partes.

«Somos mejores que ustedes. Somos más inteligentes que ustedes. Somos más santos que ustedes». ¿Acaso es imposible tener una opinión sin que nos dé un ataque? El apóstol Pablo era crítico respecto del que «es un orgulloso que no sabe nada, y que tiene la mala costumbre de discutir sobre el significado de ciertas palabras. Con esto sólo causa envidias, enojos, insultos...» (1 Timoteo 6.4, TLA).

«Si en algo no están de acuerdo con ellos, no discutan» (Romanos 14.1, TLA). Una cosa es opinar; otra cosa es pelear. Cuando percibes que el volumen aumenta y que los ánimos se caldean, cierra la boca. Es mejor quedarse callado y quedarse con un amigo que gritar y perderlo. Además: «¿Quién eres tú para juzgar al siervo de otro? Que se mantenga en pie, o que caiga, es asunto de su propio señor. Y se mantendrá en pie, porque el Señor tiene poder para sostenerlo» (Romanos 14.4, NVI).

Razonemos juntos. Trabajemos juntos. Y si la discusión falla, que el amor gane. «Y, ante todo tened entre vosotros ferviente amor; porque el amor cubrirá multitud de pecados» (1 Pedro 4.8). Si el amor cubre una multitud de pecados, ¿acaso no podrá cubrir una multitud de opiniones? Necesitamos un interludio de calma en esta cacofonía de opiniones.

En el otoño de 2003, Brian Reed servía en una unidad militar de Bagdad, Irak. Él y su unidad hacían patrullajes periódicos para proteger los vecindarios y forjar la paz. A menudo, era una labor ingrata e infructífera. Parecía que los ciudadanos estaban más interesados por recibir una mano con dinero que una que los defendiera. Brian decía que, todos los días, su unidad luchaba por mantener la moral alta.

Pero sus hombres se encontraron con una excepción, la cual tenía la forma de un servicio eclesiástico. Los hombres se bajaron de los vehículos militares, intrigados por un pesebre de hierro forjado: tres sabios de Oriente avisaban a todos los que pasaban que había una reunión cristiana en una iglesia cristiana.

Brian y sus hombres, armados y blindados hasta los dientes, entraron al lugar. Estaba lleno de cristianos coptos de habla árabe que cantaban y alababan a Dios, junto a un grupo de alabanza y la proyección de unas diapositivas de PowerPoint. Los estadounidenses no entendían ni una palabra de lo que decían, pero reconocieron la imagen de la pantalla, una representación de Jesús. El idioma era extranjero, pero los hechos no lo eran: la comunión, la oración, la enseñanza y la partición del pan.

Cuando vieron a los soldados estadounidenses, los cristianos coptos los invitaron a participar en la Cena del Señor con ellos. Los soldados se quitaron los cascos y recibieron los sacramentos. Se unieron a la procesión de los iraquíes mientras salían del santuario, para luego entrar a un patio que terminaba a los pies de una cruz de madera de gran tamaño.

Más tarde, sonrieron, rieron, se dieron la mano y volvieron a orar.

Había paz en Medio Oriente.

Brian escribió: «Jesús estaba ahí. Apareció en el mismísimo lugar donde algunos de nosotros estábamos preparados para que nuestra fuerza aérea volara aquello de la faz de la tierra. Dios me habló esa tarde... Celebrar la Cena del Señor y recordar el sacrificio de Jesús por nuestros pecados fueron el constructor de puentes y el derribador de muros más importante que podríamos haber experimentado».[5]

Los opuestos a ti fueron unidos por la cruz de Cristo.

En su libro, *Streams of Mercy* [Corrientes de misericordia], Mark Rutland hace referencia a una encuesta en la que se preguntaba a los estadounidenses cuáles eran las palabras que más les gustaría escuchar. Dice que adivinó la primera respuesta pero que nunca habría imaginado la segunda ni la tercera. La primera fue «Te amo». La segunda, «Te perdono». Pero la verdadera sorpresa fue la tercera respuesta: «La cena está lista».[6]

Aquellas tres afirmaciones resumen el mensaje de Jesús. Él vino con amor, con gracia y con una invitación a cenar. Para Mateo y sus amigos, la cena ocurrió en el antiguo Israel. ¿Y para ti, para mí y para todos los otros levíes del mundo? El banquete celestial superará nuestros sueños más profundos.

Y nos sorprenderemos con los que veremos sentados a la mesa.

9

Alza la voz

Amonéstense unos a otros.

—Colosenses 3.16, dhh

Tu colega deja este mensaje de voz: «Mi padre acaba de fallecer. Voy camino al hospital. No sé si pueda con esto».

Tu vecina de al lado explica por qué apareció un camión de mudanza en frente de su casa. «Mi marido se muda. No quiere seguir con el matrimonio».

Tu hermana te llama para contarte la noticia de que su hijo adolescente está en rehabilitación, otra vez.

Suena el teléfono móvil y aparece el siguiente mensaje: «Me llamó el médico. Volvió el cáncer. ¿Nos podemos reunir?».

De un momento a otro, alguien te invita a compartir su dolor. No te ofreciste voluntariamente; te arrastraron. Yo no tenía planeado hablar sobre la muerte, el divorcio ni la enfermedad. Pero a veces no tienes alternativa.

Yo no la tuve. La mujer me miró y me dijo: «Estoy cada vez más vieja y más enferma. Creo que Dios me abandonó».

De todas las cosas posibles, ella y yo compartimos un trayecto en una limosina fúnebre. Ella conocía al difunto. Yo era amigo del difunto. Ambos habíamos asistido al funeral y nos dirigíamos al cementerio.

El trayecto hacia el cementerio tiende a recordarnos nuestra propia mortalidad. Tal vez por eso, inesperadamente, habló tanto en su congoja.

«Desde que cumplí ochenta, he estado muy enferma. He orado mucho. No creo que vaya a mejorar».

Y luego, mientras miraba el cielo invernal por la ventana, repetía su conclusión: «Creo que Dios me abandonó».

No fue una conversación feliz. Ella no era una persona feliz. ¿Qué le dices a alguien que cree que Dios está desaparecido? ¿Asientes? ¿Disientes? ¿Dices poco? ¿Dices mucho?

El relato de Lázaro, del Nuevo Testamento, revela lo que diría Jesús. La historia comienza de manera simple: «Estaba entonces enfermo uno llamado Lázaro, de Betania...» (Juan 11.1).

Supongo que todos tenemos que ser conocidos por algo. Marta era mandona. Judas era codicioso. Mateo tenía amigos alborotadores. ¿Y Lázaro? Bueno, Lázaro estaba enfermo.

Infortunado pero no inusual. Todos se enferman. La situación de Lázaro no era poco común, salvo por un detalle. Tenía un amigo llamado Jesús. A Lázaro se le describe como el «querido amigo» de Jesús (v. 3, NTV).

Es una descripción poco usual. En las Escrituras se describe a las personas como estudiantes, seguidores, familiares, antagonistas, críticos de Jesús, pero ¿amigo? ¿Un «*querido* amigo»?

Aparentemente, a Lázaro le caía bien Jesús, genuinamente. Le gustaban las historias y los chistes que le contaba. A otros les gustaba ser vistos con Jesús o que Jesús les enseñara. A Lázaro, no. A él le caía bien Jesús y ya.

Y a Jesús le caía bien Lázaro. Es maravilloso imaginarse a Jesús detectando a Lázaro en un almuerzo concurrido, haciéndole señas para que se acercara y preguntándole: «¿Nos vemos este fin de semana?». Los amigos pasan tiempo juntos. Comparten la vida. Jesús y Lázaro hacían eso.

Pero ahora el amigo de Jesús está enfermo. Muy enfermo. Tan enfermo que sus hermanas, María y Marta, «le enviaron un mensaje a Jesús que decía: "Señor, tu querido amigo está muy enfermo"» (v. 3, NTV).

Seguramente, supusieron que Jesús llegaría rápido. Después de todo, no eran unos desconocidos. La casa de Betania era, prácticamente, su casa. Tenían el té favorito de Jesús guardado en un estante. Ellos sabían el tipo de pastel que le gustaba para su cumpleaños. No había motivos para dudar de que *Jesús dejaría cualquier cosa que estuviera haciendo para correr a ayudarlos.*

Lázaro supuso lo mismo. Estaba desesperado. No podía dejar de vomitar. No podía ponerse de pie. Le dolían todas las articulaciones. La cabeza le latía como un tambor. Pero tenía esta certeza: «Jesús viene en camino». Esperaba escuchar la llegada de Jesús en cualquier momento. Los pies apresurados. El anuncio de la bienvenida de Jesús por parte de María: «¡Llegaste!». La voz preocupada de Cristo: «¿Dónde está Lázaro? ¿Dónde está mi amigo?».

La fiebre iba y venía, y el día se convertía en noche y la noche, en día. Le preguntó a María y a Marta: «¿Alguna señal de Jesús? ¿Ya llegó? ¿Han dicho algo?».

La respuesta siempre era «no». No habían dicho nada. No había señales de él. No habían recibido ningún mensaje.

Lázaro, el querido amigo enfermo de Jesús, nunca volvió a escuchar de él. Pasó sus últimas horas preguntando dónde estaba Jesús.

¿Acaso le *intereso?*, se preguntaba Lázaro.

¿Acaso le *interesamos?*, se cuestionaban sus hermanas.

«Cuando Jesús llegó a Betania, le dijeron que Lázaro ya llevaba cuatro días en la tumba» (v. 17, NTV).

Jesús no solo se ausentó cuando Lázaro estaba en su lecho de muerte, sino que tampoco llegó para el entierro. No solo se perdió el entierro, sino que también llegó cuatro días después.

Marta fue al grano. «Marta le dijo a Jesús: "Señor, si tan solo hubieras estado aquí, mi hermano no habría muerto..."» (v. 21, NTV). Luego se calmó: «... pero aun ahora, yo sé que Dios te dará todo lo que pidas» (v. 22, NTV).

Marta estaba desconsolada, descorazonada. Marta era para Jesús lo que un amigo que sufre es para ti. ¿Qué podemos responder cuando un amigo está deshecho, cuando nuestro vecino está desesperado, cuando la mujer del auto fúnebre cree que Dios se ha olvidado de ella? ¿Qué hacemos?

Esto es lo que hizo Jesús. Miró a Marta a la cara y dijo estas dulces palabras: «Yo soy la resurrección y la vida... ¿Lo crees, Marta?» (vv. 25, 26, NTV).

La palabra bíblica para ese tipo de respuesta es *amonestación*. Pablo nos dijo que nos amonestáramos los unos a los otros (Romanos 15.14).

Amonestar es la versión de alto octanaje para animar. Literalmente, la palabra significa «poner en mente».[1] Amonestar es depositar verdad en los pensamientos de una persona. Puede que sea en forma de disciplina, ánimo o afirmación. Puede ser como reconocimiento o como corrección. Pero, por sobre todo, la amonestación es la verdad hablada en circunstancias difíciles. Aplicar el cloro de la veracidad sobre las algas de la dificultad.

La amonestación alza la voz.

Sí, le damos la mano al que lucha. Sí, le damos agua al que tiene sed. Sí, damos alimento al que tiene hambre. Y sí, sí, sí, damos palabras de verdad en momentos de desesperación.

¿Nos vamos a quedar sentados, distraídos, mientras Satanás propaga sus mentiras? ¡Por ningún motivo! Desenfunda la espada de Dios, la Palabra de Dios, y blande su filo destellante en la cara del mal. «Por lo demás, hermanos míos, fortaleceos en el Señor, y en el poder de su fuerza. Vestíos de toda la armadura de Dios... Y tomad el yelmo de la salvación, y la espada del Espíritu, que es la palabra de Dios» (Efesios 6.10, 11, 17).

Cuando lees o citas la Biblia en momentos de dolor, duda o maldad, activas un arma del Espíritu. Es como si una espada de Dios cortara las amarras del diablo y los prisioneros quedaran en libertad. «La palabra de Dios vive, es poderosa y es más cortante que cualquier espada de dos filos, penetra tan profundo que divide el alma y el espíritu, las coyunturas y los huesos, y juzga los pensamientos y sentimientos de nuestro corazón. No hay nada creado en el mundo que se puede esconder de Dios; todo está desnudo y expuesto a su vista. Es a él a quien tendremos que rendirle cuentas de nuestra de vida» (Hebreos 4.12, 13, PDT).

La amonestación con base en las Escrituras es como crema antibacteriana. Puede que no sepamos cómo cura las heridas; solo sabemos que lo hace.

Aplícala y ve lo que ocurre. Que sea una práctica tuya decir: «Conozco un versículo bíblico que puede servir».

O «un pasaje que significa mucho para mí es...».

O «¿te puedo leer un pasaje bíblico?».

Tengo una lista de emergencia que contiene pasajes como estos:

Si Dios está de nuestra parte, ¿quién puede estar en contra nuestra? (Romanos 8.31, NVI)

El que comenzó en vosotros la buena obra, la perfeccionará hasta el día de Jesucristo. (Filipenses 1.6)

Nunca te dejaré; jamás te abandonaré. (Hebreos 13.5, NVI)

Cierto domingo, después de la iglesia, conocí a un niño de diez años, llamado Josué. Su madre, sentada a su lado, explicaba que el padre del pequeño ya no era parte de la vida de su hijo. Josué me miró con ojos tristes y llorosos. Me agaché a nivel de sus ojos y le pregunté: «¿Conoces la historia de tu tocayo?». Asintió. «Harás lo que él hizo», lo amonesté.

«Derribarás las murallas de Jericó y dirás oraciones de gran fe». Josué no estaba muy seguro de qué responder. Pero, y ¿su mamá? Se secaba los ojos.

Los que están pasando por momentos de lucha no necesitan nuestra opinión. No necesitan nuestra filosofía acerca del sufrimiento. No necesitan que alguien los distraiga con conversaciones ociosas sobre el clima o la política. Necesitan que alguien los amoneste con la verdad.

Mi esposa, Denalyn, es muy buena para amonestar. Una de estas noches pasadas, me di cuenta de que intercambiaba mensajes de texto con una amiga que, debido a críticas que recibía en el trabajo, se encontraba cuesta abajo. Denalyn la animó con este diluvio de verdad:

Jesús mueve montañas, ¡por lo que actúa y actuará en tu nombre! Él te ama, así es que recibe su amor y su poder. Deja de dudar del Rey de reyes y Maestro de todos los maestros. Cree en él y párate en el poder de la resurrección que ya te pertenece en Cristo Jesús. Él es quién dice ser. ¡Créele! El Señor expone nuestras debilidades para que vayamos a él y encontremos nuestro reposo y esperanza en él. Además, quiere que vayas a él y que dejes de imaginarte escenarios terribles. ¿Acaso no te ha traído hasta aquí? Es el Creador de los confines de la tierra quien está en la corte, a favor tuyo. Él es por ti, no contra ti. ¡Confía en él! ¡Adórale! Adopta una postura de alabanza y oración, y él tenderá emboscadas al enemigo.

Por todos los cielos, ¿no te conmovería el espíritu un texto así?

Difunde palabras de esperanza y pronuncia oraciones de fe. «La oración de fe lo restaurará de la enfermedad *y lo sanará*. El Señor lo levantará [al enfermo] *del fondo de la desesperación*» (Santiago 5.15, traducción libre de la versión THE VOICE).

La oración llena de fe es una oración de amonestación. La oración de fe invita a Dios a ser Dios, a ser soberano de los tiempos tempestuosos.

Dennis McDonald dejó un modelo de este tipo de amonestación. Fue capellán hospitalario de nuestra iglesia por muchos años. En ocasiones, yo lo acompañaba cuando visitaba a los enfermos. Siempre me impactaba la transformación que venía sobre él cuando comenzaba a ministrar. Podíamos caminar por el vestíbulo del hospital, conversando sobre el clima, los torneos de golf, pero cuando entraba en una habitación, entraba a trabajar. Se dirigía directamente hacia el costado de una cama y se inclinaba hasta quedar a solo centímetros del rostro del enfermo. Y decía algo así como: «Soy Dennis y vine a orar por usted y a animarle. Dios es más grande que esta enfermedad. Dios puede sanarle el cuerpo. Dios lo sacará de esto».

A continuación, Dennis ungía al enfermo con aceite y oraba así: «Señor, este es tu siervo, a quien tú amas y nosotros amamos. Permite que tu sanidad venga a este lugar. Satanás, debes salir. Eres un mentiroso y tus palabras no tienen mérito. Este hijo fue comprado por Dios. Oramos en el nombre de Jesús, amén».

Este es el trabajo de la iglesia: tomar a los seguidores que estén pasando por luchas y guiarlos para que vuelvan al camino de la fe.

Algunos años atrás, vi un ejemplo de esto en un servicio de la iglesia. Estudiábamos la promesa de Apocalipsis 19.7.

> Alegrémonos y llenémonos de gozo
>> y démosle honor a él,
> porque el tiempo ha llegado para la boda del Cordero,
>> y su novia se ha preparado. (NTV)

Mientras escribía un sermón sobre la novia de Cristo, pensaba: *¿Qué mejor manera de concluir un mensaje que invitando a entrar a una novia?*

Sin saberlo la audiencia, habíamos reclutado a una voluntaria y la vestimos de novia, con un velo que le cubría el rostro. En el momento indicado, hice señales para que comenzara la música, para que la congregación se pusiera de pie, para que bajaran las luces y para que la novia comenzara a caminar.

Así lo hizo... avanzó directo y chocó con la parte trasera de un banco. No sé cómo esperaba yo que eso no pasara; el velo le tapaba la visibilidad. Se recompuso y partió otra vez, solo para volver a chocar con otro banco. No podía seguir el camino. Siguió avanzando por el pasillo, con pasos de *pinball*, hasta que varias personas, llenas de misericordia, se pusieron de pie y la guiaron hacia el altar.

Lo que yo quería hacer era ilustrar la belleza de la novia. Sin embargo, al final, vimos la ilustración de nuestra necesidad de amonestación. Nosotros también nos tambaleamos de lado a lado. Nosotros también luchamos por encontrar nuestro camino. Cada uno de nosotros, en un momento u otro, necesita que alguien nos mantenga en el camino.

Terminamos con la novia, de pie frente al altar, acompañada de seis personas riéndose entre dientes.

¿Tal vez sea esa la imagen de lo que nos espera a todos nosotros? En el día final, cuando estemos frente al altar de Cristo, agradeceremos la influencia de aquellos que dieron un paso adelante y alzaron la voz para ayudarnos.

Tú puedes hacerlo. No te amilanes. Después de todo, eres embajador(a) de Cristo. ¿Pueden los embajadores quedarse en silencio? Eres hijo(a) de Dios. ¿Acaso los hijos no alzarían la voz en representación de su padre? Eres coheredero(a) junto con Cristo. ¿Pueden los herederos callar mientras las bendiciones están disponibles?

Por supuesto que no, así es que no lo hice. ¿Recuerdas a la mujer llena de pesar de la que te conté? Ella había dicho: «Cada vez estoy más vieja y más enferma. Creo que Dios me abandonó». Me vi tentado a ignorar el comentario. No la conocía. Ella casi ni me conocía. Además, había otras personas dentro del auto fúnebre. Pero algo me movió a hablar. Me volteé y la miré. «No hable así», la insté. «Dios no ha terminado con usted. Él es su Padre. Él la ama. Es su pastor. Él la guía. Sus días estaban contados antes de que el primero de ellos comenzara. Usted no puede aumentar el número de sus días, pero sí puede mejorar la calidad de ellos. Usted está en las manos de Dios».

Su esposo habló: «Eso mismo le he estado diciendo».

Los ojos se le llenaron de lágrimas. «¿En serio?», me preguntó.

«En serio», le aseguré.

Por unos momentos, nadie habló. El auto fúnebre entró al cementerio y llegó a una parada en una curva. Al bajarnos, se decidió: «Voy a confiar en Dios».

Oré porque ella lo hiciera y nosotros también.

Después de que Jesús amonestara a Marta, hizo lo impensado. Fue a la tumba, lloró por su amigo y luego gritó para que saliera el Lázaro fallecido. ¡Y Lázaro salió! Salió de la tumba. Pero ni por un segundo pienses que Lázaro fue el único milagro de ese día. Jesús resucitó a un hermano de la muerte y también resucitó el corazón de Marta de la desesperación. E hizo ambas cosas con palabras de poder.

10

Todos tenemos
un Macho

Perdónense mutuamente,
así como Dios los perdonó
a ustedes en Cristo.

—Efesios 4.32, NVI

Esta es la historia de Macho. No se llama así, pero debo mantener su nombre en privado porque mi historia no es para nada halagadora. Además, el nombre le queda bien. Era un macho. En la secundaria, cuando jugaba fútbol americano, atravesaba las líneas ofensivas como un buldócer. En el béisbol, enviaba todas las pelotas al otro lado de la malla.

Macho era el jefe del campus, regía como un líder a su pandilla. Era rudo y musculoso; tenía brazos de defensor de fútbol americano y garras de tigre rugiente. La mayoría de nosotros evitaba pasar por su órbita. Pero, un viernes por la noche, me crucé con ella. Varios de nosotros pasábamos el rato en el estacionamiento de una tienda. A Macho no le gustó algo que dije o la forma en que lo dije. Envalentonado por una panza de cerveza y un grupo de cuates, se dirigió hacia mí. De un empujón, me hizo entrar por la puerta abierta de un sedán y se dispuso a remodelarme la mandíbula. Ver a Macho sobre Max era como ver un oso pardo sobre una ardilla. Me golpeó la cara hasta que unos tipos lo agarraron por los tobillos y lo sacaron del auto. Salí trepando, con los ojos magullados, pero con el orgullo aun más molido, y me fui caminando con el rabo entre las piernas.

Me pasé el fin de semana tratando de ordenar los hechos. ¿Qué hice mal? ¿Debí haberme defendido? ¿Debería ir a buscarlo? ¿Me estará buscando? Planeé lo que le iba a decir el lunes. Me armé de valentía, pero lo suficiente para encontrarlo en el pasillo entre clases.

«¿Por qué me atacaste el viernes en la noche?».

Con una sonrisa torcida y arrogante, me dijo: «Ay, no me acuerdo. Estaba ebrio». Y se fue. La explicación que me dio me hirió más que los puñetazos. Yo no era su enemigo. Nada más resulté ser el saco de boxeo más cercano que tenía.

No he visto a Macho en décadas. Pero veo gente de su tipo casi todas las semanas. Cuando una joven casada me contaba sobre su esposo maltratador, pensé en Macho. Cuando leo sobre niños que son acosados en la secundaria, Macho me viene a la mente. Cuando una corporación adquiere una empresa pequeña, pone en orden las cosas y despide a todos, adivina a quién recuerdo: a Macho.

Todos tenemos un Macho. O dos o diez. Comparado con el tuyo, el mío era un tábano. Macho era tu papá; te atacaba todos los días. Macho te dijo que te amaba cuando eras joven y delgada pero luego, cuando envejeciste y engordaste, te dijo que no te deseaba. Macho te reprobó solo por despecho. Macho te engañó. Macho te abandonó.

Fuiste víctima de Macho.

Quizás hayas seguido adelante con tu vida. Si no, tienes que hacerte algunas preguntas respecto de tu felicidad. El resentimiento se traga la satisfacción del alma. La amargura la consume. La venganza es un monstruo con un apetito atroz. Un acto de represalia nunca es suficiente. Cobrarse con creces nunca es suficiente. Si no se detecta, el rencor nos puede llevar cuesta abajo.

Macho te quitó mucho. ¿Vas a dejar que te quite mucho más? Dejar que eso se anide es un gran riesgo. ¿Es la vida más dulce cuando estás amargado? ¿Es la vida mejor cuando estás triste? Por supuesto que no.

«El enojo se anida en el seno de los necios» (Eclesiastés 7:9, LBLA).

Algunos abandonan el camino del perdón porque lo perciben como uno imposible de subir. Así es que seamos realistas al respecto. El perdón no absuelve la ofensa, no excusa la felonía ni la ignora. El perdón no implica necesariamente reconciliación. Reestablecer la relación con el transgresor no es esencial ni siempre posible. Es más, la frase «perdonar y olvidar» fija un estándar imposible de alcanzar. Los recuerdos dolorosos no son como la ropa vieja. Se resisten a mudarse fácilmente.

Perdonar es simplemente el acto de cambiar tu actitud hacia el ofensor; consiste en eliminar el deseo de herir y considerar la posibilidad de estar en paz. Dar un paso en dirección al perdón es un acto decisivo hacia la felicidad.

Cuando unos investigadores de la Universidad de Duke hicieron una lista de los ocho factores que promueven la estabilidad emocional, cuatro de ellos se relacionaban con el perdón:

1. Evitar la suspicacia y el resentimiento.
2. Dejar de vivir en el pasado.
3. No perder tiempo y energía luchando contra situaciones que no se pueden cambiar.
4. Rehusarse a caer en la autocompasión cuando se está frente a un trato injusto.[1]

En una publicación científica llamada «Granting forgiveness or Harboring Grudges» [Perdonar o guardar rencor], los investigadores invitan a las personas a reflexionar sobre alguien que les haya hecho daño. Solo pensar en aquella persona les hacía sudar la palma de las manos, les ponía los músculos faciales tensos, les subía el ritmo cardíaco y les aumentaba la presión arterial. Cuando se les instruyó a los participantes que imaginaran la posibilidad de perdonar, se revirtieron todos los problemas fisiológicos anteriormente mencionados.[2] La salud y la felicidad llegan cuando el perdón comienza a fluir.

Con razón en la flotilla de pasajes bíblicos con frases como «unos a otros» había un barco llamado *USS Perdón*. «Antes bien, sed benignos unos con otros, misericordiosos, perdonándoos unos a otros, como también Dios os perdonó a vosotros en Cristo» (Efesios 4.32).

Ahí está el apóstol Pablo, haciéndolo otra vez. No le bastaba con decir «perdónense los unos a los otros según les dicte su conciencia». O «hasta donde se sientan cómodos». O «hasta donde llegue el sentido común». No, Pablo hizo lo que a él le encantaba hacer: usar a Jesús como nuestro estándar. Perdonar a otros como Cristo te perdonó.

Así dejamos las epístolas y nos dirigimos hacia la izquierda, en busca de los evangelios y de algún momento en que Jesús perdonara a otros. Vamos apenas por la entrada trasera del Evangelio de Juan, cuando encontramos un ejemplo. En el relato aparece un recipiente de agua, una toalla, doce pares de pies sudados y doce discípulos.

> ... sabiendo Jesús que el Padre le había dado todas las cosas en las manos, y que había salido de Dios, y a Dios iba, se levantó de la cena, y se quitó su manto, y tomando una toalla, se la ciñó. Luego puso agua en un lebrillo, y comenzó a lavar los pies de los discípulos, y a enjugarlos con la toalla con que estaba ceñido. (Juan 13.3-5)

Esta fue la víspera de la crucifixión y la última cena de Jesús con sus seguidores. Juan quería que supiéramos lo que Jesús sabía. Jesús sabía que tenía toda la autoridad. Sabía que había sido enviado del cielo. Sabía que estaba destinado al cielo. Jesús estaba seguro de su identidad y de su destino. Puesto que sabía quién era, pudo hacer lo que hizo.

«Se levantó de la cena» (v. 4). Cuando Jesús se puso de pie, seguramente los discípulos se animaron. Deben haber pensado que Jesús estaba por enseñarles algo. Así fue, pero no con palabras.

A continuación, «se quitó su manto» (v. 4). Incluso el simple manto sin costuras de un rabí era demasiado ostentoso para la tarea en cuestión.

Jesús colgó el manto en un perchero y se ciñó la toalla en la cintura. Luego tomó una jarra de agua y la vació en un recipiente. El único sonido era las salpicadas del agua con la que Jesús llenaba el lebrillo.

El siguiente sonido fue el del recipiente que golpeó el suelo cuando Jesús lo dejó ahí. Luego, el sonido del cuero que se deslizaba cuando Jesús desamarraba y quitaba la primera de las veinticuatro sandalias. Salpicó más agua cuando sumergió dos pies en ella, sucios como estaban. Masajeó los dedos. Sostuvo con sus manos los talones resecos. Secó los pies con su toalla. Luego se puso de pie, vació el lebrillo de agua sucia, lo llenó de agua limpia y repitió el proceso con el siguiente par de pies.

Salpicar. Lavar. Masajear. Secar.

¿Cuánto tiempo crees que requirió este lavado de pies? Suponiendo que Jesús se tomó dos o tres minutos por pie, este acto habría tomado casi una hora. Ten en consideración que Jesús estaba en sus minutos finales, junto a sus seguidores. Si pudiéramos medir con un reloj de arena los tres años junto a ellos, solo quedarían unos pocos granos por caer. Jesús decidió usarlos en este silencioso sacramento de humildad.

Nadie habló. Es decir, nadie salvo Pedro, que siempre tenía algo que decir. Cuando se opuso, Jesús insistió y llegó al punto de decirle: «Si no te lavo, no tendrás parte conmigo» (v. 8).

Pedro pidió un baño.

Más tarde, esa misma noche, los discípulos se dieron cuenta de lo enorme de ese gesto.

Habían prometido quedarse con su Maestro, pero esas promesas se derritieron como cera al calor de las antorchas romanas. Cuando los soldados llegaron marchando, los discípulos se fueron corriendo.

Los veo corriendo a toda velocidad hasta que, ya desprovistos de fuerza, se desploman en el suelo y dejan caer la cabeza hacia adelante mientras miran el polvo, con cansancio. Ahí es cuando ven sus pies, los cuales Jesús había lavado hacía poco tiempo. Ahí es cuando se dieron cuenta de que les había dado gracia antes de siquiera necesitarla.

Jesús perdonó a los traicioneros antes de que lo traicionaran.

¿No hizo lo mismo por nosotros? Sí, cada uno de nosotros tiene un Macho, pero también tiene un lebrillo de agua. Nos han herido, profundamente quizás. ¿Pero acaso no hemos sido perdonados preventivamente? Nos ofrecieron gracia antes de saber que la necesitábamos.

El cielo debe tener una bodega de lebrillos, llena de filas y filas de recipientes de cerámica, cada uno de ellos con un nombre puesto. Uno en particular, uno bien gastado, tiene puesto el nombre Max. Todos los días, muchas veces al día, Jesús envía a un ángel a buscarlo. «Lucado necesita limpiarse otra vez». El ángel vuela hacia la bodega e informa al administrador. «¿Otra vez?», pregunta el supervisor. «Otra vez», afirma el ángel. Él ángel lo recibe y lo lleva a Cristo. El Maestro toma mi recipiente, lo llena de gracia limpiadora y lava mis pecados. Todas mis traiciones se hunden como cieno hasta el fondo del lebrillo. Jesús las desecha.

¿Has considerado lo seguido que te lava?

Supongamos que voy a tener en mis manos un video de tu historial de pecados. Todo acto contrario. Todo pensamiento descarriado. Cada palabra imprudente. ¿Te gustaría que lo mostrara en una pantalla? Por supuesto que no. Me rogarías que no lo hiciera. Y yo te rogaría a ti que no mostraras el mío.

No te preocupes. No lo tengo. Pero Jesús sí. Él lo ha visto. Ha visto cada momento clandestino, en el asiento de atrás y con doble intención de tu vida. Y ha resuelto: «Mi gracia basta. Puedo limpiar a esta gente. Voy a lavar sus traiciones». Por esta razón, debemos hacer del Aposento Alto de la Gracia nuestro domicilio.

El apóstol Juan fue un campeón en cuanto a esta forma de pensar sobre la perpetua actividad limpiadora de Cristo:

Si andamos en la luz, como él está en la luz, tenemos comunión unos con otros, y la sangre de Jesucristo su Hijo nos limpia de todo pecado. (1 Juan 1.7)

Él es fiel y justo para perdonar nuestros pecados, y limpiarnos de toda maldad. (1 Juan 1.9)

Cristo, nuestro lavador. Él sabía que nuestras promesas caerían como un vaso roto. Sabía que, como un rayo, llegaríamos al callejón oscuro de la vergüenza. Sabía que esconderíamos la cabeza entre las rodillas.

En este contexto fue que Pablo nos instó a seguir la dirección de Jesús. Dar gracia en lugar de recibir retribución. Dar gracia, no porque Macho se lo merezca, sino porque hemos sido empapados de ella. «... perdonándoos unos a otros, como también Dios os perdonó a vosotros en Cristo» (Efesios 4.32).

Usando la toalla y con un lebrillo en la mano, dijo a su iglesia: «Pues si yo, el Señor y el Maestro, he lavado vuestros pies, vosotros también debéis lavaros los pies los unos a los otros. Porque os he dado ejemplo, para que como yo os he hecho, vosotros también hagáis así» (Juan 13.14, 15).

Que otros discutan y peleen; nosotros no.

Que otros busquen venganza; nosotros no.

Que otros guarden una lista de los ofensores; nosotros no.

Nosotros tomamos la toalla. Llenamos el lebrillo. Y nos lavamos los pies entre nosotros.

Jesús pudo hacer eso porque sabía quién era, enviado del cielo y destinado al cielo. ¿Y tú? ¿Sabes quién eres? Eres creación de un Dios bueno, hecho a su imagen. Estás destinado a gobernar en un reino eterno. Estás solo a latidos del cielo.

Seguro de quién eres, puedes hacer lo que Jesús hizo. Deja de lado la vestidura del derecho, de las expectativas, y da el paso más valiente. Lavar los pies de otros.

Sean de buen corazón, y perdónense unos a otros (Efesios 4.32, NTV).

Buen corazón: maleable, blando, amable y receptivo.

Mal corazón: frío, duro como piedra e inflexible.

¿Cuál de estas opciones describe tu corazón?

El sobrino de un amigo mío acababa de comprar una casa nueva. Estaba emocionado. Recién casado, con un nuevo trabajo, con una vida nueva. Las cosas iban bien hasta que se descubrieron problemas en los cimientos. El constructor encontró una filtración en la losa. Con un martillo neumático, el plomero hizo un hoyo grande en uno de los baños, con el fin de alcanzar y reparar la cañería que se filtraba. La empresa encargada de reparar los cimientos procedió a abrir un túnel por debajo de la casa y rellenaron el hoyo con una sustancia de concreto. Llenaban y llenaban. No bastaba con un camión cargado, así que vaciaron un segundo camión en el hoyo.

Cuando el dueño de la casa regresó del trabajo, no pudo abrir la puerta. Pronto descubrió que el área martillada del baño nunca se había cerrado. Los camiones cargados de concreto habían sido vaciados no solo en los cimientos, sino también dentro de la casa. Cuando el sobrino de mi amigo pudo entrar finalmente, encontró los muebles pegados al piso por el cemento, y el baño parecía como hecho para alguien sin piernas. Podía apoyar los brazos en las molduras de la entrada, de casi tres metros de alto.

La casa se endureció sin que ellos pudieran hacer algo.

Lo mismo le puede pasar al corazón. Para ser claro, mi objetivo no es desestimar lo que hizo el ofensor ni restarle importancia a tu dolor. La pregunta no es si te hirieron. La pregunta es si vas a dejar que el ofensor te endurezca el corazón, que te insensibilice o que se lleve toda tu alegría.

¿No preferirías ser compasivo y perdonar al otro?

Intenta con estos tres pasos.

Determina lo que necesitas perdonar. Sé específico(a). Redúcelo a algo identificable. «Se comportó como un imbécil» no sirve. «Prometió dejar el trabajo en la oficina y prestar más atención en casa». Eso está mejor.

Pregúntate por qué te hiere. ¿Por qué te duele esa ofensa? ¿Qué es lo que te hiere de la ofensa? ¿Te sientes traicionado(a)? ¿Ignorado(a)? ¿Aislado(a)? Haz lo mejor que puedas para encontrar la respuesta y, antes de llevarlo al ofensor...

Llévalo a Jesús. Nadie te amará más que él. Deja que la herida sea una oportunidad para acercarte más a tu Salvador. ¿Obstaculizan tu bienestar esta experiencia y la falta de perdón? ¿Hacen disminuir la paz que tienes? Si la respuesta es afirmativa, avanza en dirección al perdón. Habla con Jesús sobre la ofensa hasta que la ira se apague. Y cuando vuelva a aparecer, vuelve a hablar con Jesús.

Y *si crees que es seguro,* en algún momento...

Dilo a la persona que te ofendió. Con la mente clara y con una motivación pura, presenta una queja. Sé específico. No sobredramatices.

Simplemente explica la ofensa y cómo te hace sentir. Podría ser algo así: «Acordamos hacer un refugio de nuestro hogar. Pero después de la cena, parece que te pierdes en los correos electrónicos y en los proyectos. Como consecuencia, me siento sola bajo mi propio techo».

Si se hace con respeto y sinceridad, es un paso hacia el perdón. No es para nada fácil traer a colación un tema sensible. Te estás poniendo el traje de sirviente. Al mencionar el asunto, le estás dando al perdón la oportunidad de salirse con la suya y de ser lo que gane ese día.

¿Será así? ¿Triunfará la gracia? No se puede garantizar. Si triunfa o no triunfa, el siguiente paso es...

Ora por quien te ofendió. No puedes forzar la reconciliación, pero puedes ofrecer intercesión. «Oren por quienes los persiguen» (Mateo 5.44, NVI). La oración revela todo rencor persistente y ¡qué mejor lugar para verlo! ¿Estás frente al trono de la gracia pero aun así encuentras difícil dar gracia? Pídele a Jesús que te ayude.

Aquí va una idea final:

Haz un funeral: Entierra la ofensa. No me refiero a enterrarla en el sentido de reprimirla. No se gana nada al presionar en el espíritu las emociones negativas. Pero se gana algo maravilloso cuando tomas el recuerdo, lo metes en un ataúd (basta con una caja de zapatos) y lo entierras en el cementerio llamado «Voy a seguir con mi vida». Quítate el sombrero, cúbrete el corazón y llora por última vez. Cuando la rabia vuelva a surgir, di a ti mismo: «Es hora de avanzar hacia un futuro prometedor con valentía».

Hace muchos años, me vino a ver un hombre para hablar sobre el jefe de su esposa. Siendo su supervisor, se extralimitaba, exigía trabajo extra y ofrecía una mala compensación. El esposo confrontó al sujeto. Para mérito del supervisor, reconoció su mala administración de la situación y enmendó las cosas.

La esposa estaba agradecida, pero el esposo todavía estaba enojado. Atribuyámoslo al intenso deseo de los maridos de proteger a sus esposas; pero él no se pudo olvidar del sujeto. Así que se le ocurrió una idea que incluía escribir una carta. La trajo a mi oficina, junto con una caja de fósforos. (Me preocupé un poco cuando vi los fósforos). Me leyó la carta. Estaba dirigida a su ofensor y contenía un registro de sus acciones.

Luego, el esposo me pidió que orara y que viéramos la carta quemarse «antes de que la ira me consuma». Eso hicimos.

Podrías intentar hacer lo mismo.

Perdonar es el acto de aplicar la misericordia inmerecida que recibiste a tus heridas inmerecidas. No merecías que te hirieran, pero tampoco merecías ser perdonado. Siendo el receptor que eres de la gran gracia de Dios, ¿es lógico dar gracia a otros?

El general Oglethorpe le dijo una vez a Juan Wesley: «Nunca perdono y nunca olvido». A lo cual Wesley respondió: «Entonces, señor, espero que nunca peque».[3]

No fuiste espolvoreado con perdón. No fuiste salpicado con gracia. No fuiste empolvado de bondad. Más bien, fuiste sumergido en perdón y en gracia. ¿Puedes tú, en la posición en que estás, hundido hasta los hombros en el océano de la gracia de Dios, no llenar un vaso y ofrecer la felicidad del perdón a los demás?

Durante la época en que escribía este libro, el mundo vio con horror mientras veintiún cristianos fueron martirizados por su fe por los terroristas de ISIS. Dos de los hombres muertos eran hermanos, uno de veintitrés años y el otro de veinticinco. En una entrevista, a un tercer hermano se le preguntó acerca de sus sentimientos con respecto a la pérdida de sus hermanos. Él dijo:

«ISIS nos ayudó a fortalecer nuestra fe. Agradezco a ISIS porque no silenciaron el audio cuando [mis hermanos] gritaron y declararon su fe».

Le preguntaron qué haría su madre si viera al miembro de ISIS que mató a sus hijos.

«Ella dijo que lo invitaría a su casa porque él nos ayudó a entrar al reino de los cielos. Esas fueron las palabras de mi madre».[4]

Hagamos lo mismo.

La felicidad llega cuando ofreces a los demás la gracia que se te ha dado. Es hora de seguir el ejemplo de Jesús en el Aposento Alto. Es hora de perdonar, tal como Dios te perdonó en Cristo.

11

Sé amado,
luego ama

Ámense los unos a los otros.

—Juan 13.34, BLPH

Durante varias décadas, Andrea Mosconi seguía la misma rutina por seis mañanas a la semana. El maestro italiano se vestía de abrigo y corbata, iba al palacio municipal de la ciudad de Cremona, Italia, y entraba al museo de violines. Ahí se quedaba de pie ante las fundas elaboradas, con muchos seguros, y admiraba algunos de los instrumentos más valiosos del planeta. Estos son para la música lo que la Declaración de Independencia es para la historia de Estados Unidos: reliquias de valor inestimable.

El museo tenía dos violines y una viola fabricados por la familia Amati, dos violines de la familia Guarneris y, el más precioso de todos, un violín confeccionado por las manos del mismísimo maestro, Antonio Stradivari.

Teniendo cada uno de estos más de trescientos años de antigüedad, merecen la atención. Si se les deja sin tocar, sin afinar y sin interpretar, pierden la capacidad de vibrar. He ahí la razón del señor Mosconi. Su trabajo consistía en una sola frase: tocar música. Cada mañana, salvo los domingos, y todos los meses, salvo agosto, sacaba lo mejor de lo mejor.

Él, cautelosa y reverencialmente, sacaba cada instrumento de su respectiva caja de vidrio, lo tocaba por seis o siete minutos y luego lo devolvía antes de seguir con el próximo. Para cuando terminaba su jornada laboral, el museo había escuchado la música más dulce, y los instrumentos más valiosos habían sentido el más delicado de los cuidados.[1]

Tú, el señor Masconi y yo tenemos algo en común. Tú no entras todos los días a un museo de Italia. Yo no toco un Stradivarius. Nosotros no somos conservadores de instrumentos musicales. No, nuestra tarea es mucho más importante. Tenemos la oportunidad de sacar lo mejor de las personas. ¿Qué podría causar más alegría que eso?

Algunos de esos tesoros viven en tu casa; llevan tu apellido. Tiendes a pensar de ellos como los que olvidan lavar los platos y recoger la ropa lavada. ¿Pero quiénes son en verdad? Son instrumentos finamente afinados, confeccionados por la mano de Dios. Rara vez los consideras así. Después de todo, tienen mal aliento y malas actitudes, y son propensos a tener malos hábitos. Pero si los tratas con cuidado, pueden tocar música.

Tu museo también incluye a una serie de personas funcionales. Revisan los comestibles, califican tus pruebas o te toman la presión arterial. Usan uniforme policial y conducen autos compartidos y revisan tu computadora cuando la Internet de la oficina se cae. Ellos componen un *collage* de la humanidad, mezclándose más que resaltándose. Se sonrojarían con solo pensar en ser llamados Stradivarius, pero eso es lo que son. Formados de manera única y destinados a traer al mundo música única en su género.

Todo lo que necesitan es a Mosconi, curador dotado y comprometido con sacar lo mejor de ellos. Todo lo que necesitan es a alguien que esté dispuesto a practicar uno de los más grandes mandamiento de reciprocidad: «Ámense los unos a los otros» (Juan 13.34, BLPH).

Recuerda que Dios nos invita a encontrar la felicidad por la puerta de atrás. La mayoría de las personas busca la alegría en la puerta de enfrente. Cómpralo, póntelo, cásate o gánatelo. La puerta trasera, la menos usada, acepta la sabiduría de Dios: la felicidad llega cuando la damos. Se trata menos de recibir y más de dar, menos de recibir amor y más de dar amor a otros.

La amonestación de amarse los unos a los otros se encuentra al menos once veces. Tres de Cristo (Juan 13.34; 15.12, 17); tres de Pablo (Romanos 13.8; 1 Tesalonicenses 3.12; 4.9); una de Pedro (1 Pedro 1.22) y cuatro del apóstol Juan (1 Juan 3.11; 4.7, 11; 2 Juan 5).

En estos pasajes, la palabra griega que se usa para *amor* (ágape) denota un afecto desinteresado.[2] El amor ágape cursa un cheque cuando el balance de la cuenta es bajo, perdona el error cuando la ofensa es grave, ofrece paciencia cuando el estrés es abundante y extiende bondad cuando esta escasea. «Porque tanto amó [*agapaó*] Dios al mundo que dio a su Hijo unigénito, para que todo el que cree en él no se pierda, sino que tenga vida eterna» (Juan 3.16, NVI). El amor ágape da. El árbol del ágape está enraizado en la tierra de la devoción. Pero en ningún momento pienses que sus frutos son amargos. Les espera una dulce felicidad a aquellos que están dispuestos a cuidar del vergel.

¿Encuentras ese amor difícil de congregar? ¿Escaso? Si es así, entonces te estás saltando un paso. El amor por los demás no comienza dando amor, sino recibiendo el amor de Cristo. «Un mandamiento nuevo os doy: Que os améis unos a otros; como yo os he amado, que también os améis unos a otros» (Juan 13.34).

Esta frase es esencial: «como yo os he amado». ¿Has dejado que Dios te ame? Por favor, no te apresures en pasar la pregunta. ¿Has dejado que el amor de Dios cale en los recovecos más íntimos de tu vida? Como escribió Juan: ¿Has «llegado a conocer [por experiencia...] y creído... el amor que Dios tiene por nosotros?» (1 Juan 4.16, traducción libre de AMP).

Si tu respuesta es: «Mmm, no sé» o «Bueno, hace tiempo que...» o «No creo que Dios ame a alguien como yo», entonces acabamos de tropezar con algo.

No amamos a las personas porque sean encantadoras. (Solo el marido de mi esposa siempre es encantador). Las personas se ponen de mal humor, son tercas, egoístas y crueles. Más bien, amamos a las personas por este motivo: *hemos llegado a experimentar y creer el amor que Dios tiene por nosotros*. Somos beneficiarios de un regalo inesperado, inmerecido, pero innegable: el amor de Dios.

Solemos evadir este paso. «¿Tengo que amar a mi prójimo? Bueno ya, lo voy a hacer». Apretamos los dientes y redoblamos los esfuerzos como si dentro de nosotros existiera una destilería de afecto. Si lo presionamos un poco, pinchamos por aquí y subimos la temperatura, brotará otra botella de amor.

¡Eso no va a pasar! La fuente no está dentro de nosotros. Es solo recibiendo el amor ágape de Dios que podemos descubrir el amor ágape por los demás.

Sé amado. Luego ama. No podemos amar si no somos amados primero. Tal como las personas heridas hieren a otros, las personas amadas aman a otros.

¡Así es que deja que Dios te ame!

Descubre la fuente de la felicidad más pura, el amor de Dios. Un amor que «sobrepasa nuestro conocimiento» (Efesios 3.19, NVI). Un amor que no es regulado por el receptor. Lo que Moisés dijo a Israel es lo que Dios nos dice a nosotros: «El SEÑOR no te dio su amor ni te eligió porque eras una nación más numerosa que las otras naciones, ¡pues tú eras la más pequeña de todas! Más bien, fue sencillamente porque el SEÑOR te ama...» (Deuteronomio 7.7-8, NTV).

¿Nos ama por nuestra bondad? ¿Por nuestra amabilidad? ¿Por nuestra gran devoción? No, él nos ama por su bondad, su amabilidad y su gran devoción.

La razón por la que Dios te ama es que decidió amarte.

SÉ AMADO, LUEGO AMA

Te ama aun cuando no te sientas agradable. Eres amado por Dios aun cuando nadie más te ame. Otros pueden abandonarte, divorciarse de ti e ignorarte. Dios te amará. Estas son sus palabras: «Llamaré a los que no eran nadie y los convertiré en alguien; llamaré a los que no eran amados y los amaré» (Romanos 9.25, traducción libre de THE MESSAGE).

Deja que este amor ocurra en tu vida. Deja que este amor dé a luz la alegría más excelente: «Soy amado por el cielo».

Este debe ser el punto de partida. Recuéstate en la hamaca del afecto de Dios. Y mientras lo haces, según el grado en que lo hagas, podrás dar ese amor a otros.

Tal vez, te vengan a la mente los nombres de algunas personas que no son tan encantadoras. Quizás llevas diez años preparando un terco prejuicio contra ese hombre o alimentando un rencor contra esa mujer o siendo indulgente con la aversión que sientes contra ellos.

Prepárate para un nuevo día. En la medida que Dios haga su voluntad contigo y ame a través de ti, irán derribándose todas esas viejas hostilidades y esas cercas de alambres de púas. Así es cómo la felicidad se hace realidad. Dios no te dejará vivir con tus viejos odios y prejuicios. Recuerda que «... si alguno está en Cristo, nueva criatura es; las cosas viejas pasaron; he aquí, todas son hechas nuevas» (2 Corintios 5.17).

A medida que el amor de Dios fluye a través de ti, comenzarás a ver a las personas de forma diferente. «Así que de ahora en adelante no consideramos a nadie según criterios meramente humanos» (2 Corintios 5.16, NVI).

Tienes a Dios viviendo dentro de ti. Quizás hayas tenido dificultades para amar a los indigentes. Dios los puede amar a través de ti. Tal vez tus amigos te enseñaron a hostigar al débil o a difamar al rico. Dios creará una nueva actitud. Él mora en ti.

¿La mujer de la caja de la tienda de abarrotes? No es solo una empleada; fue creada temerosa y maravillosamente.

159

¿El esposo sentado a la mesa en el desayuno? No es solo un sujeto que necesita una afeitada; es creación de Dios, destinado a una tarea celestial.

¿El vecino que vive al final de la calle? No es una persona que olvida cortar el césped. Fue hecho a la imagen de Dios.

Dios plantará en tu corazón el apreciar a su familia multifacética. El egocentrismo quiere un mundo uniforme: que todos se vean igual y actúen igual. Dios ama la diversidad de la creación. «Porque somos hechura suya...» (Efesios 2.10). La palabra *hechura* viene del vocablo griego *poiéma*, del que se deriva la palabra castellana «poema».[3] ¡Somos poesía de Dios! Lo que hizo el poeta Longfellow con lápiz y papel, nuestro Creador lo hizo con nosotros. Somos una expresión de su máxima creatividad.

Nosotros somos su poesía. Tú no eres poesía de Dios. Yo no soy poesía de Dios. Juntos somos poesía de Dios. De forma independiente, somos nada más que pequeñas partes de la página de Dios. Tú puedes ser un verbo, ella puede ser un sustantivo y yo, probablemente, soy un signo de interrogación. Somos solo letras, marcas de la mano de Dios.

Entonces, ¿qué letra tiene derecho a criticar a otra? ¿Se atreve la *p* a acusar a la *q* de estar al revés? ¿Se atreve la *m* a burlarse de la *w* por ser muy abierta de mente? ¿Quiénes somos nosotros para decirle al escritor cómo formarnos o cuándo usarnos? Nos necesitamos los unos a los otros. Por nuestra cuenta, somos solo letras en una página, pero juntos somos poesía.

El amor ágape encuentra belleza en el *collage* de la humanidad. Los lógicos para pensar. Los adoradores emotivos. Los líderes dinámicos. Los seguidores dóciles. Los gregarios que saludan, los estudiosos que cuestionan, los generosos que pagan las cuentas. Separados los unos de los otros, tenemos un mensaje incompleto, pero juntos «somos hechura suya» (Efesios 2.10).

Imagina la dicha que encontrarás al aprender a hallar alegría en las personas. (¿Por qué no? ¡Están en todas partes!). La vida se convertirá menos en una labor y más en un paseo por la galería de arte de Dios.

Hace unos días me encontré compartiendo un carrito de golf con un sujeto mayor de sesenta, a quien nunca había visto. Terminamos en la misma cancha de California, esperando aprovechar el cielo azul y hacer un par o dos. Mientras me contaba su historia, me di cuenta de que tenía todos los motivos para sentirse miserable. Llevaba veinte años batallando con migrañas, se divorció de su esposa, actualmente está desempleado y buscando trabajo, y durante los últimos diez años se ha tenido que mudar, como mínimo, una vez por año.

Si lo escucharas hablar, pensarías que acaba de bailar por el camino de baldosas amarillas de Dorothy. No puedo darle crédito a su golf. Su *swing* era un poco terco. Pero su felicidad era contagiosa. Me tuvo sonriendo desde el punto de salida hasta la trampa de arena. Tuve que preguntarle: «Para un sujeto con tantos malos momentos en la vida, ¿cómo es que siempre sonríes?».

Me miró con ojos destellantes. «¡Pasa que siempre conozco gente nueva! Cada ser humano es una historia. ¿Cómo es posible no amar al mundo cuando está tan lleno de historias?».

Mi amigo entiende cómo se logra la felicidad.

Invitemos al Padre a encender una fascinación igual en nuestro corazón. Piénsalo. Si cada persona es motivo de alegría, tenemos siete mil millones de motivos para sonreír.

Ten en cuenta que todos somos obras en proceso. No emitirías juicio sobre un vino después de haber comido solo una uva de la viña, ni emitirías una opinión del trabajo de un artista después de una sola pincelada. Le das tiempo a la viña para que madure y al artista, la oportunidad de completar la pintura.

Dale lo mismo a Dios. No ha terminado todavía y algunas de sus obras, a decir verdad, algunos de nosotros, necesitan atención extra. Toma apunte del apóstol Pablo, que les dijo a algunos amigos:

Y estoy seguro de que Dios, quien comenzó la buena obra en ustedes, la continuará hasta que quede completamente terminada el día que Cristo Jesús vuelva. (Filipenses 1.6, NTV)

Dios todavía no termina. Deja que maduren las uvas. Dale tiempo al artista. Aplaude los avances que ves. Sé el(la) animador(a) que saca lo mejor de los demás, no el crítico que apunta a ellos. Disfrutarás la relación y ellos también.

Acepta el rol del señor Mosconi. Mira tu mundo como un museo de tesoros divinos. Mírate a ti mismo como el cuidador. Tú existes para hacer que la música brote de ellos. Mosconi tenía un armario de herramientas: resina, aceites y arcos. Tú también cuentas con un armario de herramientas: palabras de ánimo, palabras de amonestación, un saludo afectuoso, perdón genuino. Aplicas resina a tus relaciones con paciencia, bondad y desinterés. Haces todo lo que sea necesario para sacar lo mejor de los demás.

¿Por qué? Porque Dios está sacando lo mejor de ti. Poco a poco, día tras día, de un nivel de gloria a otro, Dios está haciendo una nueva versión de ti. No cedas ante el comité diminuto de pensamientos negativos que te deja relegado al costado del camino. Quizás fallaste en el amor. No importa. Dios da segundas oportunidades. Tal vez te hayas hecho la reputación de ser mordaz. Sin problema. Dios puede cambiar eso. Él te puede cambiar. Él no ha perdido la fe en ti. No pierdas la confianza en ti mismo.

Ejercí labores de abuelo una de estas noches. Los padres de Rosie tenían un compromiso y mi esposa estaba fuera de la ciudad, así que adivina quién tuvo una cita con su amor de dos años y medio. Oh, ¡qué bien lo pasamos! Se disfrazó de novia. Comimos Cheerios, sin leche. Bailamos música de Disney. Y, para rematar, caminamos hacia la entrada en la oscuridad.

Nuestra casa está a diez minutos caminando de la entrada. Para Rosie, ese tramo es una aventura a nivel de Lewis y Clark. Cuando comenzamos a caminar, puso su mano en alto como una guardia de tránsito que hace parar a un peatón imprudente.

«Quédate ahí, Papa Max. Yo voy».

Me detuve. Me quedé atrás lo suficientemente lejos como para hacerle creer que iba sola. Tú sabes y yo sé que jamás la dejaría caminar sola hacia la entrada. Especialmente a las nueve de la noche.

Después de dar unos pasos, se detuvo y miró alrededor. Quizá fue el sonido de las hojas que crujían. O las sombras que se formaban en el camino. No sé por qué se detuvo. Pero yo estaba cerca para ver lo que hacía. Y lo suficientemente cerca para escucharla decir «¡Papá Max!».

En dos segundos, estuve a su lado. Me miró y sonrió. «¿Ven conmigo?». Tomados de la mano, caminamos lo que quedaba del trecho.

Los predicadores tendemos a complicar muchísimo este asunto del amor de Dios. Nos obsesionamos con palabras largas y pensamientos teológicos, cuando, tal vez, la mejor ilustración es algo como Rosie caminando en la oscuridad, gritando por ayuda y recibiéndola de su papá que se apresura a socorrerla.

Tu Padre te sigue, amigo(a) mío(a). Y en esta travesía de la vida y del amor, cuando la noche causa más temor que fe, cuando crees que es imposible amar a las personas que son difíciles de amar, solo detente y llámalo. Él está más cerca de lo que piensas. Y no tiene intenciones de dejarte avanzar sin ayuda por este camino.

El siguiente paso

Desafíate a ser feliz

El momento más grande en la historia del fútbol estadounidense de la Universidad de Carolina del Sur no contempla elevaciones de trofeos ni *touchdowns* —o anotaciones— heroicos. En mi opinión, el evento que merece un lugar en el Salón de la Fama no incluye ningún pase victorioso ni ningún entrenador empapado en Gatorade. Si me dieran la oportunidad de pararme en la banda y observar un momento el programa historiado que comenzó en 1880, seleccionaría el juego entre USC y Western Michigan de 2017. Con tres minutos y trece segundos para entrar al último cuarto, USC interceptó un pase para *touchdown* y obtuvo una sólida ventaja de 48-31. Algunos de los 61.125 fanáticos comenzaron a caminar hacia las salidas de Los Angeles Memorial Coliseum. El resto del juego daba la impresión de ser una formalidad.

Pero luego el entrenador principal, Clay Helton, gritó a Jake Olson, camiseta roja de segundo año, para que hiciera un *snap* (pase) largo para el punto extra.

Lo que hace que este momento sea histórico e inolvidable no es que el jugador fuera sacado de la banca. El aspecto único y digno de ver de este juego fue que el jugador era ciego. Así es. Jake Olson entró trotando a un campo que, para él, era tan oscuro como la medianoche. No podía ver los rostros sonrientes de los otros troyanos del montón. No podía ver la fila de compañeros de equipo que estaba en la banda, todos de pies, todos mirando. No podía ver a los entrenadores que, con los ojos llorosos y la garganta apretada, sabían que se encontraban frente a un sueño que se hacía realidad.

La travesía de Jake Olson hacia este juego comenzó a la edad de diez meses, cuando perdió el ojo izquierdo por un cáncer de retina. El cáncer volvió cuando tenía doce años. Los médicos determinaron que la única forma de contener el cáncer era extirparle el ojo derecho también.

Para ese entonces, Pete Carroll era el entrenador principal de USC. Un amigo en común que tenía con la familia Olson le contó acerca de un niño que siempre había sido fan de los troyanos y que estaba a punto de perder la vista. Carroll se dispuso a llenar la mente de Jake de recuerdos futbolísticos de USC. Hizo arreglos para que Jake conociera a los jugadores, estuviera antes y después de las prácticas y blandiera la espada del líder de la banda tradicional y dirigiera la banda después del juego. Jake incluso viajó a Notre Dame con el equipo.

Luego, llegó la oscuridad.

Cuando, tras la cirugía, su salud estuvo lo suficientemente buena como para asistir a una práctica del equipo, lo recibieron como si hubiera ganado el Trofeo Heisman.

Cuando Carroll comenzó a trabajar para los Seattle Seahawks, invitó a Olson a unirse a las bandas del equipo durante un juego. En esa oportunidad fue cuando el centro del equipo le preguntó a Olson si alguna vez había hecho un *snap* largo. La ceguera le impedía a Olson lanzar, *taclear*, bloquear y atrapar la pelota, ¿pero lanzar el balón por entre las piernas a un receptor que estaba a ocho yardas de distancia? Olson aprendió a hacerlo. Se convirtió en un sueño para él jugar en, al menos, un partido de USC.

Para hacerlo realidad, los entrenadores de dos equipos tuvieron que conversar. Los jugadores de Western Michigan acordaron que los apoyadores externos no lo aplastarían. Los entrenadores de USC acordaron usar a Olson solo después de que, para cualquiera de los dos equipos, fuera imposible ganar el juego. Durante la Conferencia de los 12 del Pacífico, la universidad oficializó la decisión. Jake se puso el uniforme y esperó su oportunidad.

Durante casi todo el juego, el momento de Olson estuvo en duda. El marcador iba 14-14 en la mitad, 21-21 después de tres cuartos. Con seis minutos para terminar el juego, los equipos iban empatados 28-28. Pero luego USC se encendió, anotó tres veces y sacó una ventaja imposible de alcanzar.

El entrenador Helton pidió tiempo. Olson hizo un par de *snaps* de práctica. Mientras calentaba, Helton le dio la señal al entrenador de Western Michigan, quien le dio la señal a su equipo. Todos los jugadores, en ambos costados del campo, se despabilaron. El árbitro, que también era parte del drama, localizó el balón, puso la mano en la espalda de Olson, despejó del camino e hizo sonar el pito para que comenzará el juego.

En ese momento, no había competidores, no había bandos contrarios, no había perdedores ni ganadores. Había un solo jugador que vencía una enorme discapacidad, y todos lo animaban.

En la historia del fútbol americano universitario, el juego era uno de miles. Sin embargo, el momento era uno en un millón. En el instante preciso, Olson hizo un *snap* perfecto en espiral. El balón estaba en su lugar, la patada fue buena y Jake fue rodeado por sus compañeros de equipo.

Quizás haya sido el mejor punto extra de la historia de los troyanos.[1]

¿A quién no le gustan las historias como esa? ¿Qué palabra representa lo que sentimos en momentos como esos? ¿Qué tal esta: *felicidad*?

¡Y ni siquiera estuvimos ahí! Yo no estaba en las gradas. Lo más probable es que tú no hayas estado ahí. No vimos el *snap* ni fuimos testigos de la patada, aun así, con solo leerlo, nos sentimos felices.

Cuando la humanidad muestra la generosidad suficiente para ayudar a que otros tengan su momento, la felicidad encuentra la forma de precipitarse como cascada.

Estoy agradecido de que podamos repetir momentos como ese a cualquier hora del día y en cualquier lugar del mundo. ¿Deseas un aguacero de alegría? ¿Estás agotado(a) de la monotonía del día a día? Entonces, haz lo siguiente: sirve a alguien, saluda a alguien, cede el asiento, escucha cuando alguien te cuenta su historia, haz un cheque, escribe una carta, da de tu tiempo, da un consejo y da de tu corazón.

Haz feliz a alguien.

«Más bienaventurado es dar que recibir» (Hechos 20.35).

Es mejor perdonar que guardar rencor,

... mejor edificar que destruir,

... mejor incluir que excluir,

... mejor buscar entender que ignorar,

... mejor amar que odiar.

La solución de Dios para las enfermedades de la sociedad es un quórum de personas que sean generosas, entreguen su vida y amen a Dios, que fluyan por vecindarios y empresas como agentes de limpieza, llevando lo bueno y eliminando lo malo. Estas personas provienen de todos los rincones del mundo, reflejan todas las tonalidades de piel. Liberales, conservadoras, rurales, metropolitanas, jóvenes, ancianas. Con todo, están unidas gracias a este increíble descubrimiento: la felicidad se encuentra regalándola a otros.

Si alguien es más feliz que el receptor, es el que da el regalo.

Albert puede hablarte de eso. Es cartero en Waco, Texas. Hace entregas diarias en la tienda de muebles donde mi hija Sara solía trabajar. Ese negocio tenía muchísimo éxito. Cuando era una empresa emergente, el negocio sufría un nivel de caos constante. Todos aprendían del sistema al mismo tiempo. Los empleados estaban de pie todo el día. Podía ser un lugar estresante.

Por eso todos amaban a Albert. Sara describía su llegada como el punto culminante del día. ¡El punto culminante! Según recuerda: «Preguntaba a cada uno cómo estaba. Nos miraba a los ojos y decía: "Que Dios los bendiga"».

Albert reparte más que el correo. Reparte felicidad.

Me gustaría desafiarte a hacer lo mismo. Esta es mi idea. Proponte subir el nivel de alegría de cien personas durante los próximos cuarenta días. De forma intencionada, pon en práctica los pasajes de reciprocidad (los unos a los otros). Ora por las personas, sirve más, práctica la paciencia y saca a relucir lo mejor de los demás. Haz un diario personal en el que describas los encuentros que tuviste y qué hiciste. Apunta los detalles de cada momento. ¿En qué lugar fue? ¿Qué aprendiste?

Al terminar los cuarenta días, ¿será distinto tu mundo?

¿Serás tú distinto?

De seguro, yo sí lo soy. Llevé a cabo el desafío mientras escribía este libro. La experiencia fue el doble de difícil de lo que imaginé, pero cien veces más gratificante de lo que alguna vez pensé.

Esta es una de esas anotaciones que hice en mi diario:

El avión que salía de Mineápolis estaba dos horas atrasado, debido al «retraso de la tripulación», según anunciaba el auxiliar de puerta a los pasajeros que estaban en el área de espera. Cuando los tres sobrecargos aparecieron, ya era casi hora de dormir. Estaban cansados por causa del vuelo anterior y pasaban avergonzados entre la multitud de pasajeros, que los miraban con cara larga. Incluso algunos los abuchearon.

Cuando finalmente nos subimos al avión, todavía era un caos. No había espacio suficiente entre la cabeza y el techo. Había muchos abrigos de invierno. Terminé dejando mi bolso a un campo de fútbol de distancia de mi asiento. Me senté con un suspiro. Luego recordé el desafío de hacer feliz a cien personas. Había pasado media hora de vuelo cuando tuve la oportunidad de agradecer a la sobrecargo por el profesionalismo con el que manejó el retraso. Ella me agradeció que yo le agradeciera. Aun así, yo sentía que podía hacer más. A mitad de trayecto, me levanté de mi asiento y fui a su estación de trabajo.

«Quiero decirle nuevamente que valoro su trabajo».

Esta vez, ella se detuvo. Tenía los ojos llenos de lágrimas. «Esto significa mucho para mí. Ha sido un largo día».

¿Quieres intentar este desafío?

Todos los demás se presentan al trabajo con el ceño fruncido y una lista de cosas por terminar. ¿Y tú? Todavía tienes trabajo que hacer, pero también tienes esta labor. ¿A quién puedo ayudar hoy? ¿A quién puedo animar? ¿Quién necesita recibir un rayito de sol?

Quizás el nuevo empleado del cubículo que está al final del pasillo. O el vecino cuyo chihuahua merodea por tu patio. O tu profesora. Sí, tu profesora. La que desayuna limones y almuerza estudiantes. Los demás la evitan. Pero tú no. Tú buscas formas de levantarle el ánimo, iluminar su día, darle cumplidos, entenderla y agradecerle. ¿Será el mundo diferente porque tú lo intentaste?

Apuesta tu dulce vida a que así será.

En tu mundo, te convertirás en el equivalente a un camión de helados. Cuando era niño, un camión de helados solía visitar mi vecindario. A esta fecha, medio siglo después, si alguna banda toca la canción «Cuando los santos marchen ya», se me hace agua la boca y busco una moneda en los bolsillos. Cuando escuchaba el sonido metálico del camión, ya sabía qué hacer.

No era el único. Los niños llegaban de todos lados. De los parques de las pequeñas ligas. De los patios traseros. De los patios de las escuelas. Las casas vomitaban jóvenes tal como el metro descarga a los pasajeros. Se acercaban pedaleando en bicicleta, volando en un monopatín o corriendo solos como locos. El camión de helados estaba en el vecindario.

Sé ese camión de helados. Sé la persona que los demás se alegran al ver. Sé la voz que las personas quieren escuchar. Sé el chofer del camión de la felicidad.

Y ve si no eres tú el que más sonríe.

Preguntas para reflexionar

Preparadas por Andrea Lucado

1
Una puerta inesperada hacia la alegría

1. ¿Cómo definirías la felicidad? ¿Qué palabras, sentimientos o imágenes te vienen a la mente cuando piensas en la idea de ser feliz?

2. Describe un momento de tu vida en el que te hayas sentido feliz. ¿Qué lo hizo ser un momento feliz?

3. Identifica un momento de tu vida en el que hayas sido infeliz. ¿Qué lo hizo ser un momento infeliz?

4. Evalúa tu nivel de felicidad actual. ¿Te sientes feliz casi todos los días, algunos días o casi nunca? ¿Por qué? ¿Cuál es tu fuente principal de felicidad o infelicidad?

5. Max escribe: «En todas partes del mundo las personas profesan que la felicidad es su meta más preciada» (p. 4). ¿Es esto cierto para ti? ¿Por qué o por qué no?

6. En este capítulo, se muestran varias estadísticas alarmantes relacionadas con el nivel de felicidad en el mundo:

    Solo un tercio de los estadounidenses entrevistados afirma ser feliz.

    La depresión clínica es diez veces más común ahora que hace cien años.

    Para 2020, la Organización Mundial de la Salud predice que «la depresión será la segunda causa principal de las enfermedades en el mundo» (p. 5).

- ¿Te sorprenden estas estadísticas? ¿Por qué o por qué no?
- ¿Sufres de depresión actualmente o has tenido depresión alguna vez? Si es así, ¿cómo describirías el proceso?
- ¿Ha sufrido de depresión algún amigo cercano o algún familiar tuyo? ¿Qué pudiste observar al acompañarle en el proceso?
- ¿Por qué crees que la depresión es tan común en estos días?

7. Max describe la «puerta delantera hacia la felicidad» como algo vendido por los publicistas: riquezas, apariencia, sexo y posesiones (p. 6).

- ¿En qué promesas de la puerta delantera hacia la felicidad has invertido en el pasado?
- ¿Te dieron esas promesas lo que querías? ¿Por qué o por qué no?
- ¿Qué promesas de la puerta delantera estás buscando ahora?
- ¿Te entregan lo que esperas? ¿Por qué o por qué no?
- En tu vida (niñez, adolescencia, adultez), ¿cómo ha cambiado tu forma de buscar la felicidad por la puerta delantera?

8. Llena los espacios en blanco. El lema de la puerta delantera hacia la felicidad es «la felicidad llega cuando _____». El lema de la puerta menos usada es «la felicidad llega cuando _____».

- ¿Cuál fue tu reacción cuando leíste por primera vez el lema de la puerta menos usada?
- ¿Estás de acuerdo con el lema? ¿Por qué o por qué no?

9. Casi al finalizar el libro de Hechos, Pablo se despidió de la iglesia de Éfeso, diciendo: «... y recordar las palabras del Señor Jesús, que dijo: "Más bienaventurado es dar que recibir"» (Hechos 20.35). La vida cristiana está llena de paradojas como esta. Lee Mateo 5.1-12. La palabra griega que se traduce como *bienaventurado* también puede traducirse como *feliz*. Con esto en mente, responde las siguientes preguntas:

- Según Jesús, ¿quiénes son los felices?
- ¿Qué nos dice este pasaje sobre la idea que tiene Dios de la felicidad versus la idea que tiene el mundo de la felicidad?
- ¿Te has encontrado con alguien que, según los estándares del mundo, no tenía lo necesario para ser feliz (riquezas, prestigio o belleza) pero aun así lo era?
- ¿Por qué crees que esa persona era feliz?
- ¿Cómo influyó en ti el interactuar con esa persona?

10. Max señala que las Escrituras describen a Jesús como alegre, como el tipo de persona con quien los demás querían estar y el tipo de persona que siempre estaba dispuesta a ir a una fiesta.

- A menudo, describimos a Jesús como sabio, verdadero, sacrificado y amoroso, pero ¿alguna vez has descrito a Jesús como feliz, como una persona que sonreía, disfrutaba de las fiestas y se reía?
- ¿Qué sientes respecto de la idea de que Jesús fuera feliz, se riera, fuera a fiestas y sonriera?
- ¿Cuál es tu reacción frente a la idea de que Jesús fuera feliz, asistiera a fiestas, riera y sonriera? ¿Te incomoda? ¿Por qué o por qué no?
- ¿Qué hacía Jesús que lo hacía tan feliz?

11. Llena el espacio en blanco. Si queremos encontrar la verdadera felicidad, debemos _____.

12. Max hizo una lista de diez versículos de reciprocidad («los unos a los otros») que nos puede ayudar a regalar felicidad y, como resultado, experimentarla nosotros mismos.

Anímense los unos a los otros (1 Tesalonicenses 5.1).

Sopórtense los unos a los otros (Efesios 4.2).

Considérense los unos a los otros como más importantes (Filipenses 2.3).

Salúdense los unos a los otros (Romanos 16.16).

Oren los unos por los otros (Santiago 5.16).

Sírvanse los unos a los otros (Gálatas 5.13).

Acéptense los unos a los otros (Romanos 15.7).

Amonéstense los unos a los otros (Colosenses 3.16).

Perdónense los unos a los otros (Efesios 4.32).

Ámense los unos a los otros (1 Juan 3.11).

- De estos diez versículos, ¿cuál crees que haces mejor?
- ¿En cuál necesitas trabajar más?

13. ¿Dónde te gustaría ver «una revolución de alegría silenciosa» estallar? ¿En tu hogar, en tu comunidad, en tu lugar de trabajo o en tu nación? Identifica cuál versículo de reciprocidad podrías usar para contribuir a iniciar una revolución silenciosa.

2

¡Chócalas, Rocky!

1. En 1 Tesalonicenses 5.9-11, al escribir a la iglesia de Tesalónica, Pablo dijo: «... pues Dios no nos destinó a sufrir el castigo, sino a recibir la salvación por medio de nuestro Señor Jesucristo. Él murió por nosotros para que, en la vida o en la muerte, vivamos junto con él. Por eso, anímense y edifíquense unos a otros, tal como lo vienen haciendo» (NVI).

   - De acuerdo a este pasaje, ¿para qué nos animamos y nos edificamos los unos a los otros?
   - ¿Cuál es la diferencia, si existe alguna, entre animar en Cristo y animar a secas?

2. La palabra griega para ánimo es *parakaleo*.[1]

   - ¿Qué significan *para* y *kaleo* en griego?
   - Con base en estos dos términos, ¿cómo quería Jesús que nos animáramos los unos a los otros?

3. Cuando Pedro afirmó que creía que Jesús era el hijo del Dios viviente, Jesús nos dio un ejemplo de cómo animar a otros.

   - Según Mateo 16.17, ¿cómo le respondió Jesús a Pedro?
   - ¿Cómo te sentirías si Jesús te animara así?

4. Max cita un estudio que revela que «los hogares sanos disfrutan una proporción de positivo-negativa de cinco a uno» (p. 22).

- Según tu estimación, ¿cuál crees que sería la correlación de positivo-negativo en tu hogar, en tu lugar de trabajo o en tu círculo de amigos?
- Si tiendes a escuchar y a decir más comentarios negativos, ¿por qué crees que pasa eso?
- Si tiendes a escuchar y a decir más comentarios positivos, ¿por qué crees que pasa eso?

5. En tu vida, ¿en qué área has experimentado una «conspiración del desánimo»? ¿En las redes sociales? ¿En las noticias? ¿Con tu familia, tus amigos o con tu congregación?
- En lo personal, ¿cómo te ha afectado ese tipo de desánimo?
- ¿Cómo ha afectado esto la manera en que ves al mundo y a los demás?

6. Busca los siguientes versículos: 2 Corintios 12.9; Gálatas 4.7; Efesios 1.7; 1 Pedro 2.9.
- ¿Qué dicen estos versículos respecto de quiénes somos en Cristo?
- ¿Cómo pueden estas verdades ayudarte a luchar contra la conspiración del desánimo?
- ¿En cuál de estos necesitas enfocarte para darte ánimo hoy?
- ¿Cuál de estos podrías usar para animar a otra persona?

7. Max presenta una lista con dos formas de animar a los demás para «llamar al Roca que llevamos dentro» (pp. 25-27). Primero, escuchamos atentamente.
- ¿Cómo puede ser escuchar una forma de animar a alguien?
- ¿Cómo crees que se sintió la mujer del flujo de sangre, en Marcos 5.33, cuando le contaba a Jesús su historia y este la escuchaba?
- Cuando un amigo(a) te cuenta un secreto, ¿cuál es tu reacción? ¿Eres rápido(a) para hablar o solo escuchas? ¿Por qué es esa tu reacción?

- ¿Cuándo fue la última vez que alguien te escuchó atentamente? ¿Cómo te sentiste?
- Identifica a una persona a quien escuchar atentamente para animarla.

La segunda manera de animarnos los unos a los otros es elogiándonos abundantemente.

- La palabra griega para *animar, parakaleo,* que se mencionó anteriormente, se usa ciento diez veces en el Nuevo Testamento. ¿Qué indica esta frecuencia de uso acerca de la instrucción de elogiarnos entre nosotros?
- ¿Cómo te sientes cuando recibes palabras de ánimo por parte de alguien? ¿Disfrutas la experiencia? ¿Te incomoda? ¿Por qué piensas que reaccionas así?
- ¿Qué sientes con respecto a la sugerencia que da Max de llamar a un(a) amigo(a) para simplemente animarlo(a)? ¿Te resultaría natural hacerlo? ¿Cómo te sentirías si alguien hiciera eso contigo?

8. Max compartió la historia de un sujeto de su congregación, Charles Prince, quien lo animaba en su ministerio.
   - ¿Cómo influyó en Max el ánimo que recibía de Charles?
   - ¿Tienes a un Charles Prince en tu vida? Si es así, ¿quién es? ¿Qué hace esa persona para animarte?
   - ¿Tuviste a un Charles Prince en el pasado? ¿Cómo te animaba esa persona?

9. Escoge a un persona para animarla esta semana y saca al Rocky que lleva dentro.
   - ¿Cómo la animarías? ¿Escuchándola atentamente? ¿Elogiándola abundantemente?
   - Fíjate en cómo te sientes después. ¿Te hizo feliz hacer a otra persona feliz, animándola bíblicamente?

3

No te encariñes con tus aversiones

1. ¿Cuáles son algunas de tus mayores aversiones y por qué? ¿Ha sido así por mucho tiempo o puedes llevarlo a un tiempo más reciente?

2. La persona que sufre de una aversión no es aquella que la hace, sino aquella que se siente molesta por ese comportamiento irritante. ¿Alguna vez tu aversión te ha robado la alegría? Si es así, describe lo que pasó.

3. ¿Cómo definirías la palabra *paciencia*?

4. ¿Te consideras una persona paciente?
   - ¿Frente a qué situaciones te es difícil ser paciente? ¿Por qué?
   - ¿Frente a qué situaciones te resulta más fácil ser paciente? ¿Por qué?

5. De acuerdo a Efesios 4.1-3, ¿cómo dijo Pablo que deberíamos reaccionar en toda situación?

6. Al leer otras traducciones y considerando el contexto del pasaje, podemos aprender más acerca de la idea bíblica de la paciencia. En la versión La Palabra (Hispanoamérica), en Efesios 4.1-3, dice: «Así pues, yo, prisionero por amor al Señor, les exhorto a que lleven una vida en consonancia con el llamamiento que han recibido. Sean humildes, amables, comprensivos. Sopórtense unos a otros con

amor. No ahorren esfuerzos para consolidar, con ataduras de paz, la unidad, que es fruto del Espíritu».

- ¿Cuál es la palabra que se usa aquí en lugar de *paciencia*?
- ¿De qué manera te ayuda esta traducción a entender el significado y el propósito de la paciencia?
- Pablo se refirió a sí mismo como «prisionero por amor al Señor», lo cual no es solo metafórico sino también literal. Pablo pasó tiempo en prisión durante su ministerio, y los dos últimos años de su vida, los vivió en arresto domiciliario, en Roma. ¿Por qué crees que quiso recordar esto a sus lectores cuando les habló de la paciencia y la comprensión?
- La comprensión está enlistada como una de las características de aquellos que son dignos del llamamiento al que fuimos llamados como seguidores de Cristo. ¿Cómo nos hace dignos la comprensión de este llamado?
- En los Evangelios, ¿cómo practicó Jesús la paciencia y la longanimidad?

7. Considera la traducción (libre) de PHILLIPS de Efesios 4.2: «Acepten la vida con humildad y paciencia, y tolérense las faltas por amor».
- ¿Cómo se relacionan la paciencia y la humildad?
- ¿Cómo nos ayuda la paciencia a tolerarnos las faltas?
- Piensa cómo es para los demás vivir contigo o tener una relación contigo. ¿Cuáles son algunas de tus debilidades o características que pueden sacar de quicio a los demás?
- Describe un momento en el que alguien te dejó pasar una falta cuando no estabas siendo fácil de tratar. ¿Cómo te mostró paciencia esa persona? ¿Cómo te hizo sentir eso respecto de esa persona?

8. Lee Mateo 7.3-5.

- ¿Qué dice Jesús que tienes que hacer antes de señalar la mota de polvo del ojo de tu amigo?
- ¿Qué es más típico de ti? ¿Quitar el trozo grande de madera de tu propio ojo o notar la mota de polvo que tiene tu amigo? ¿Por qué?

9. Max dice: «Mírate a ti mismo antes de menospreciar a otros. En vez de ponerlos en su lugar, ponte tú en el lugar de ellos» (p. 39).

- Piensa en alguien que te cause molestia, en alguien que tenga una mota de polvo en el ojo y a quien quieras señalársela desesperadamente. ¿Qué puedes hacer para ponerte en el lugar de esa persona?
- ¿Crees que enfatizárselo a esa persona cambia tu manera de sentir respecto de la mota?

10. ¿Tenías aversiones personales que ahora ya no tienes? Si es así, ¿cuáles eran y cómo las superaste?

11. Al final de este capítulo, Max hace una descripción de unos árboles que están junto al río Guadalupe. Dice que están doblados, torcidos, y que, a pesar de eso, son un refugio para personas, animales y aves.

- ¿Cómo nos compara con esos árboles? ¿Qué piensas de esta metáfora?
- ¿Tienes alguna aversión personal, algo que te moleste o algún comportamiento que ponga a prueba tu paciencia?
- ¿Cómo podrías empezar a ver los defectos de los árboles como una parte hermosa de la creación de Dios, y no como algo irritante?

4

La dulzura del segundo lugar

1. Lee el relato de Marta y María que se encuentra en Lucas 10.38-42. Al leerlo por primera vez, ¿con qué personaje te identificas mejor: con María, quien está sentada a los pies de Jesús; con Marta, quien prepara la cena; o con Jesús, quien disfruta conversar con María y con los otros que están reunidos? Explica tu respuesta.

2. Ahora, lee desde la página 49 hasta la 52, vuelve a imaginar lo que Max hace de este pasaje.
   - Después de leer, ¿te identificas con otro(s) personaje(s)?
   - Si es así, ¿con cuál(es)?

3. Max dice que la ruina de Marta no fue el esfuerzo que hizo ni la ayuda que pidió a María. Según Max, fue su motivación. Según Max, ¿cuál podría haber sido su motivación?

4. ¿Cuándo te sientes tentado(a) a actuar de cierta forma? ¿En la iglesia, en el trabajo, con los amigos, con la familia? ¿Qué tipo de reconocimiento buscas en estos escenarios?

5. ¿Estás de acuerdo con que las redes sociales han afectado negativamente nuestro deseo de aprobación y aplausos?
   - ¿Cómo te han afectado a ti las redes sociales en este aspecto?
   - En general, ¿cómo te sientes contigo mismo después de pasar un rato en las redes sociales?

- ¿Dirías que las redes sociales te hacen más feliz o menos feliz? ¿Por qué?

6. ¿Por qué la aprobación de otros no es un buen indicador de la felicidad?

- ¿De quién deseas recibir más aprobación en este momento?
- Para que seas feliz, ¿cuánta aprobación necesitarías o cómo tendría que ser esa aprobación?
- ¿Cómo te sentirías si nunca recibieras la aprobación que esperas de esa persona?

7. Del mismo modo que actuamos de cierta forma para ganar el aplauso de los demás, a menudo hacemos lo mismo con Dios.

- ¿Qué haces para conseguir la aprobación de Dios?
- ¿Tienes alguna actividad o práctica espiritual cuya motivación mayor sea el deseo de aprobación y no el deseo de crecer en intimidad con Dios?

8. ¿Cómo reaccionas frente a la afirmación de que no somos los personajes más importantes ni los jugadores estrellas de Dios?

- ¿Te molesta o te confunde esta idea? ¿Estás de acuerdo o en desacuerdo? ¿Por qué?
- Si no somos los personajes más importantes ni los jugadores estrellas de Dios, ¿qué somos para él?

9. La iglesia de Corinto cometió el error de considerar a Pablo y a Apolo, su colega en Cristo, como más importantes que Dios. Frente a esto, Pablo dijo: ««¿Qué, pues, es Pablo, y qué es Apolos? Servidores por medio de los cuales habéis creído; y eso según lo que a cada uno concedió el Señor. Yo planté, Apolos regó; pero el crecimiento lo ha dado Dios. Así que ni el que planta es algo, ni el que riega, sino Dios, que da el crecimiento. Y el que planta y el que

---

riega son una misma cosa; aunque cada uno recibirá su recompensa conforme a su labor » (1 Corintios 3.5-7).

- De acuerdo con este pasaje, ¿quién es importante?
- ¿Quién no es importante?
- ¿Te resistes a aceptar lo que Pablo dice aquí o es algo que resuena en ti? Explica tu respuesta.

10. Considera los siguientes pasajes:

   «Mirad las aves del cielo, que no siembran, ni siegan, ni recogen en graneros; y vuestro Padre celestial las alimenta. ¿No valéis vosotros mucho más que ellas?» (Mateo 6.26).

   «Tú creaste mis entrañas; me formaste en el vientre de mi madre. ¡Te alabo porque soy una creación admirable! ¡Tus obras son maravillosas, y esto lo sé muy bien!». (Salmos 139.13, 14, NVI)

   «Porque tanto amó Dios al mundo que dio a su Hijo unigénito, para que todo el que cree en él no se pierda, sino que tenga vida eterna. Dios no envió a su Hijo al mundo para condenar al mundo, sino para salvarlo por medio de él ». (Juan 3.16, 17, NVI)

   Estos versículos indican a un Dios que se preocupa profundamente por nosotros como sus hijos.

   - ¿Cómo reconciliamos la tensión entre no ser importantes, como lo describe Pablo en 1 Corintios 3.5-8, y al mismo tiempo ser hijos amados de Dios?
   - Según estos pasajes, ¿qué nos hace importantes para Dios?
   - ¿En qué se diferencia esto de ser alabados y aplaudidos por Dios debido a nuestras buenas obras?
   - ¿Cómo el estar confiados en el amor de Dios nos ayudaría efectivamente a considerar a los demás más importantes que nosotros mismos?

11. En Romanos 12.15, dice: «Alégrense con los que están alegres» (NVI). Max dice que esto era una buena manera de quitar la atención de nosotros mismos. Sugiere que pongamos en práctica este versículo, fijándonos la meta de celebrar, en las próximas veinticuatro horas, todo lo bueno que le ocurra a otra persona.

- ¿Estás dispuesto(a) a llevar a cabo este desafío?
- ¿Cómo celebrarías genuinamente las cosas buenas que le ocurren a otro?
- Haz un registro de cómo este experimento influye en tu nivel de felicidad.

5

El fino arte de saludar

1. Al inicio del capítulo, Max describe a un gerente general que decide ausentarse un tiempo de su empresa.
   - ¿Cuáles fueron las razones por las que el gerente general tomó esa decisión?
   - ¿Qué les faltaba a los empleados?
2. ¿Has estado alguna vez en un ambiente laboral o familiar como el descrito por Max?
   - ¿Fuiste víctima de faltas de respeto o faltaste tú el respeto a alguien?
   - ¿Por qué crees que ese ambiente fomentaba la falta de respeto?
3. En sus cartas, Pablo a menudo instruía a la iglesia a saludarse con un beso. Considera los siguientes versículos:

   «Salúdense unos a otros con un beso santo» (Romanos 16.16, NVI).

   «Salúdense unos a los otros con un beso santo» (1 Corintios 16.20, RVC).

   «Salúdense unos a otros con un beso santo» (2 Corintios 13.12, RVC).

   «Saluden a todos los hermanos con un beso santo» (1 Tesalonicenses 5.26, RVC).

«Saludaos unos a otros con un beso de amor». (1 Pedro 5.14, LBLA).

4. En la cultura de esos tiempos, este tipo de saludo estaba reservado para los amigos cercanos, para la familia y para las personas que eran objetos de respeto.

- ¿Cómo saludas a los miembros de tu familia, a tus amigos cercanos y a las personas que respetas?
- ¿Es diferente a tu forma de saludar a otras personas? Si es así, ¿por qué las saludas de forma distinta?

5. La carta que Pablo escribió a la iglesia de Roma aborda problemas serios que había en la comunidad y también cuestiones teológicas profundas. Debido a esto, podría parecer extraño que Pablo, después de pasar tanto tiempo escribiendo sobre lo que parecían ser cosas más importantes, se tomara el tiempo para incluir la instrucción de saludarse mutuamente con un beso santo (Romanos 16.16). ¿Por qué crees que Pablo incorporó esto en su carta?

6. Da un ejemplo de lo que tú consideras una muestra de respeto hacia los demás.

- ¿Qué es lo que refleja respeto en ese escenario?
- ¿Por qué es importante el respetarnos los unos a los otros?

7. Respetar a los demás es fácil cuando verdaderamente los respetas. Pero ¿cómo tratas respetuosamente a una persona si en realidad no sientes respeto por ella? ¿Crees que somos llamados a respetar a todos? ¿Por qué o por qué no?

8. Incluso a partir de Génesis 33, cuando los hermanos Jacob y Esaú se volvieron a encontrar, vemos un ejemplo de saludarse con un beso santo. Ellos tenían una historia de tensiones. Jacob había engañado a su padre, Isaac, para obtener su bendición en lugar de Esaú, quien, siendo el primogénito, debería haberla recibido. Esaú se enojó tanto que quiso matar a Jacob; pero este último huyó (Génesis 27). Los

hermanos pasaron los siguientes años viviendo como un par de extraños.

Cuando finalmente se volvieron a ver, el corazón de Esaú claramente había cambiado. En las Escrituras dice: «Pero Esaú corrió a su encuentro y le abrazó, y se echó sobre su cuello, y le besó; y lloraron» (Génesis 33.4).

Esaú no solo saludó a su hermano con un beso, como señal de respeto, sino que también lo «abrazó» y «se echó sobre su cuello». Lee Génesis 33.1-16.

- ¿Cómo respondió Jacob frente a la muestra de amor, respeto y afecto de Esaú?
- ¿Por qué crees que Esaú fue capaz de mostrar respeto por su hermano incluso después de que Jacob le hubiese faltado el respeto?
- ¿Cómo te anima este relato a respetar a una persona que crees que no se lo merece?
- ¿Cómo saludarás a esa persona la próxima vez que la veas? ¿Qué puedes hacer para asegurarte de tratar a todos por igual?

9. En el relato del convicto recién liberado y el alcalde, ¿cómo saludó este último al expresidiario?
- ¿Cómo afectó este saludo al convicto?
- ¿Alguien te ha saludado de forma inesperadamente respetuosa alguna vez? Si es así, ¿qué efecto tuvo en ti?

10. Lee Romanos 16.1-16.
- ¿Qué tiene de única la lista de personas saludadas por Pablo?
- ¿Qué nos dice esta lista sobre a quiénes debemos saludar?

11. Piensa en el día de ayer.
- ¿Dónde fuiste?
- ¿Con quién hablaste?

- ¿Pasaste por alto saludar a alguien en el trabajo, en la tienda o incluso en tu propia casa? ¿Por qué no saludaste a esa persona?

12. Ahora piensa en lo que resta del día de hoy.

- ¿Podrías desviarte de tu camino y saludar a alguien a quien comúnmente no saludas?

- ¿Cómo podría esto aumentar la felicidad de esa persona y la tuya?

6

Una postura poderosa

1. La oración intercesora es el acto de orar en representación de otra persona.
    - ¿Es este tipo de oración una parte de tu diario vivir? ¿Por qué o por qué no?
    - ¿Crees tú que la oración intercesora puede ser beneficiosa? ¿Por qué o por qué no?
    - ¿Has orado en representación de otra persona y esa oración fue respondida como tú querías? Si es así, ¿cómo fue esa experiencia para ti?
    - ¿Has orado por alguien y esa oración no fue respondida como tú querías? Si es así, ¿cómo te afectó esa experiencia?
2. Lee Génesis 18.16-33.
    - ¿Cómo caracterizarías a Abraham en este pasaje? ¿Cómo valiente, loco, audaz, iluso?
    - ¿Por qué crees que Abraham negoció con Dios para salvar Sodoma?
3. Génesis 18.16-33 es el primer registro, en las Escrituras, de un ser humano que le pide a Dios reconsiderar su plan.
    - ¿Cómo responde Dios a los ruegos de Abraham?
    - ¿Qué te dice esto de Dios?
    - ¿Qué te dice esto del poder de orar los unos por los otros?

---

4. Quizá te resulte más fácil creer que Dios escucharía a alguien como Abraham, padre de la nación de Israel, en lugar de creer que nos escucharía a nosotros. ¿Te resulta difícil creer que Dios escucha tus oraciones? ¿Por qué?

5. Lee Mateo 8.5-13.

- ¿Por qué Jesús sanó al sirviente del centurión?
- ¿De qué manera la respuesta de Jesús al centurión es un reflejo de la respuesta de Dios a Abraham?
- ¿Qué revela este relato sobre la relación que Dios quiere tener con nosotros a través de Cristo?

6. En las Escrituras dice que, en Cristo, somos hijos de Dios (1 Juan 3.1), embajadores de Cristo (2 Corintios 5.20) y parte del sacerdocio santo (1 Pedro 2.5). ¿Cómo influyen estas descripciones sobre la forma en que ves el poder de tus oraciones?

7. Llena el espacio en blanco: «Cuando oramos los unos por los otros, entramos al taller de Dios, tomamos un martillo y le _____ a cumplir con sus propósitos».

- ¿Qué piensas de la idea de que tus oraciones ayudan a Dios a cumplir con sus propósitos?
- ¿Cómo reconcilias esto con el hecho de que Dios es también todopoderoso y omnisciente? Lee Jeremías 32.17 e Isaías 46.9, 10.

8. Considera los siguientes versículos de Santiago:

«Acérquense a Dios, y él se acercará a ustedes» (4.8, NVI).

«La oración del justo es poderosa y eficaz» (5.16 NVI),

La carta de Santiago fue escrita a una comunidad de cristianos judíos durante un tiempo de gran opresión. El Imperio romano se había apropiado de las tierras de quienes vivían en las áreas rurales de Palestina, forzándolos a trabajar en las tierras de aristócratas acaudalados que los trataban injustamente.[2] Probablemente, se sentían impotentes por ser una minoría bajo una autoridad. Sabemos que sufrían, porque Santiago inició la carta con «hermanos míos, tened por sumo gozo cuando os halléis en diversas pruebas...» (Santiago 1.2).

- Al saber esto de los lectores de Santiago, ¿por qué crees que los instruye a orar?
- ¿Hay alguna situación en tu vida con la que te sientas impotente? ¿Cuál es?
- ¿Has orado al respecto? ¿Por qué o por qué no?

9. Max cita un estudio llevado a cabo por el doctor Harold G. Koenig de la Universidad de Duke, en el cual se revela que las personas que oran o piden ayuda divina «se enfrentan mejor al estrés, experimentan un mayor bienestar porque tienen más esperanza, son más optimistas, experimentan menos depresión, menos ansiedad, y presentan un número menor de suicidios» (p. 82).

- ¿Qué piensas de estos hallazgos?
- ¿Ha sido este el efecto de la oración en tu vida? ¿En qué basas tu respuesta?

10. ¿Cómo puede la oración intercesora activar la felicidad en tu propia vida? ¿Alguna vez has experimentado esto después de orar por otra persona? Si es así, describe esa experiencia.

11. Vuelve a la respuesta de la primera pregunta.

- Después de leer este capítulo, ¿qué ideas nuevas tienes respecto del papel que desempeña la oración intercesora?
- Si la idea de orar por otro aún te resulta difícil, ¿por qué crees que es? ¿Te sientes impotente frente a las circunstancias de esa persona? ¿No confías en que Dios te va a escuchar? ¿No crees que eres digno de ser escuchado?

- Quédate un rato pensando en qué impide que ores más por otros.

12. Piensa en alguien que conozcas que pueda beneficiarse de tus oraciones. ¿Cómo podrías ponerte entre esa persona en necesidad y Aquel que puede satisfacerla?

7

Sirve tú

1. Max abre este capítulo con la historia de su profesor de escuela dominical que lo guio a Cristo. Max describe al profesor como «un servidor silencioso».

   - ¿Te has encontrado con algún servidor silencioso como este?
   - Si es así, ¿quién es esa persona? ¿Qué efecto generó en ti?

2. ¿Cómo son vistos los servidores silenciosos en tu comunidad y tu cultura?

   - ¿Los valoran o los ignoran?
   - ¿Qué efecto genera esta actitud hacia los servidores silenciosos sobre tu deseo de servir a los demás?

3. En Gálatas 5.13, Pablo dijo: «Porque vosotros, hermanos, fuisteis llamados a libertad; solamente que no uséis la libertad como pretexto para la carne, sino servíos por medio del amor los unos a los otros». En este pasaje, la palabra griega para *servíos* es *douleuó*, la cual indica servir como alguien que está en esclavitud y debe obedecer y someterse a la autoridad de alguien más. En algunos versículos posteriores a este, en Gálatas 4.7, Pablo declaró a sus lectores que ellos ya no eran esclavos, sino hijos de Dios.

   - Si Pablo dijo esto, ¿por qué los llamó a servir como si estuvieran en esclavitud?
   - ¿Cómo puede nuestra libertad aumentar el deseo de servirnos los unos a los otros?

- ¿Has vivido esto en la vida cristiana? Si es así, ¿de qué manera?

4. Cristo entró al mundo a través de la persona de María. ¿Has prestado atención a lo que las Escrituras dicen de ella? ¿Por qué o por qué no?

5. Lee Lucas 1.26-38.

- ¿Qué te dicen estos versículos sobre el tipo de persona que era María?

- ¿Qué te dicen estos versículos sobre el tipo de persona que Dios usa para cumplir con su voluntad y con sus propósitos?

- ¿Por qué crees que Dios usa servidores silenciosos?

6. Jesús ejemplificó el servicio en su vida, muerte y cuerpo resucitado. Lee los siguientes pasajes: Mateo 9.35, 36; Marcos 8.1-10; Lucas 23.44-49; Juan 21.4-14.

- ¿Cómo servía Jesús?

- ¿A quiénes servía Jesús?

- ¿Cuál de estos ejemplos de servidumbre resuena más en ti y por qué?

7. Jesús fue el ejemplo perfecto de siervo. Incluso dijo que no había venido a la tierra a ser servido sino a servir (Mateo 20.28). Sin embargo, para aquellos de nosotros que somos activos en la comunidad de la iglesia y en nuestra fe, puede resultarnos difícil servirnos los unos a los otros. ¿Por qué pasa esto?

- ¿Qué oportunidades tienes de servir a otros?

- Si actualmente no estás aprovechando esas oportunidades, ¿qué te impide hacerlo?

8. Describe un momento reciente en el que hayas servido a alguien.

- ¿Cómo serviste a esa persona?

- ¿Cómo reaccionó esa persona?

- ¿Cómo te sentiste por haberle servido?

9. El psicólogo Bernard Rimland llevó a cabo un estudio que vinculó la generosidad con la felicidad.

   - ¿Por qué crees que la gente generosa es más feliz?

   - ¿Has notado que tu nivel de felicidad se haya visto afectado por tu nivel de egoísmo? Sí es así, ¿cómo?

10. A veces no servimos porque creemos que no tenemos el tiempo ni la energía para hacerlo. Lee Isaías 58.10-11.

   - ¿Qué dice este pasaje que ocurrirá si te entregas al hambriento y sacias el deseo del afligido?

   - ¿Cómo puede este versículo animarte a servir incluso si te sientes con poca energía o fuerza?

   - ¿Has experimentado la ayuda o la fuerza de Dios cuando has servido a alguien incluso cuando creías que no tenías los recursos para hacerlo?

   - ¿Cómo te ayudó Dios?

   - ¿Qué te enseñó esa experiencia acerca del papel que desempeña el servicio en la vida cristiana?

11. Para algunos, el problema no es no servir lo suficiente, sino servir demasiado. Jesús fue un ejemplo de servicio, pero también fue un ejemplo de descanso. Lee Lucas 5.15, 16.

   - Durante su ministerio, ¿cómo equilibró Jesús el servir a multitudes con tomarse tiempo para descansar?

   - ¿Cuáles son algunos ejemplos de descanso que Jesús nos dejó? ¿Qué hacía en esos tiempos de descanso?

   - ¿Cómo podrías incorporar en tu horario ajetreado de servicio el hábito de descanso y retiro de Jesús?

12. Identifica cómo está tu corazón en el área del servicio.

   - ¿Te resistes a la idea? ¿Por qué? ¿Qué te detiene? ¿Cómo podrías invitar al Espíritu Santo a que te ayude a servir a otros?

- O ¿sirves tanto, que sientes que estás al borde del agotamiento? ¿De cuál área de servicio podrías apartarte al menos por un tiempo? ¿Qué forma específica de descanso incorporarías?

8

Cosas incómodas

1. ¿Has estado en una situación en la que no te hayas sentido aceptado(a) por ser quién eres? Si es así, describe la situación.
   - ¿Cómo manejaste la situación?
   - ¿Qué te ayudó a superarlo?
   - ¿Has visto falta de aceptación hacia otra persona? Explica.
   - ¿Cómo cambió esa experiencia tu forma de tratar a los demás?

2. En Lucas 5.1-11, Jesús llamó a Pedro, Santiago y Juan, tres pescadores de la región de Galilea, para que fueran sus discípulos. En unos versículos posteriores, en Lucas 5.27, 28, Jesús llama a Leví (también llamado Mateo) para que también fuese su discípulo.
   - ¿En qué se diferenciaba Leví de Pedro, Santiago y Juan?
   - ¿Qué dice esto de quién es Jesús y de las personas que él quiere que le sigan?

3. En Lucas 5.29-31, Leví ofreció un banquete para Jesús e invitó a sus amigos (a los amigos de Leví).
   - ¿Qué tipos de personas estaban en el banquete?
   - ¿Qué pensaron los fariseos de esta fiesta y de los invitados?
   - ¿Qué respondió Jesús a los fariseos?

4. Lee Lucas 5.29-31 tres veces más. Cada vez que lo hagas, ponte en el lugar de uno de los personajes del relato: Leví, los recolectores de impuestos y pecadores, y los fariseos.

- ¿Cómo crees que fue ser Leví en ese banquete después de conocer a Jesús? ¿Te identificas con algo de él y su historia? Si es así, ¿con qué?

- ¿Cómo crees que fue ser un recaudador de impuestos o un pecador que comía con Jesús? ¿Te identificas con algo de este grupo? Si es así, ¿con qué?

- ¿Cómo crees que fue ser uno de los fariseos que vio esta escena? ¿Te identificas con la respuesta y el comportamiento de los fariseos? Si es así, ¿de qué forma?

5. Max dice: «Tu leví es lo opuesto a ti». Identifica a un leví que tengas en tu entorno.

- ¿Qué tiene esa persona que la hace ser «lo opuesto a ti»?

- ¿Cómo es interactuar con ella?

6. En Romanos 15.7, Pablo escribió: «Por tanto, acéptense mutuamente, así como Cristo los aceptó a ustedes para gloria de Dios» (NVI). ¿Por qué nos aceptamos mutuamente?

7. En Romanos 15.7 (NVI), la palabra griega traducida como «aceptar» es *proslambanó*, la cual significa «dar la bienvenida a la hermandad de uno, al corazón de uno».

- ¿Qué te dice esta definición sobre cómo se deben aceptar los cristianos mutuamente?

- ¿Has aceptado de esta forma a tu leví? ¿Por qué o por qué no?

8. Aceptarse mutuamente puede resultar confuso cuando disientes fundamentalmente con el comportamiento o las creencias de la otra persona.

- ¿Crees que somos llamados a aceptar a todos sin importar qué? ¿Por qué o por qué no?

- ¿Cuál es la diferencia entre aceptar a alguien y aprobar su comportamiento?

9. En Juan 14.3, Jesús dijo a sus discípulos: «Y si me voy y os preparo lugar, vendré otra vez, y os tomaré conmigo, para que donde yo estoy, vosotros también estéis». La palabra que Jesús usa para «tomaré conmigo» es *proslambanó*, la misma que Pablo usó en Romanos 15.7. ¿Qué te dice esto de cómo nos acepta Jesús?

10. Max señala que Jesús está lleno de gracia y de verdad (Juan 1.14).
   - ¿Qué significan para ti las palabras *gracia* y *verdad*?
   - ¿Cómo mostró Jesús gracia y verdad en la forma de tratar a la mujer que había sido sorprendida en adulterio? (Lee Juan 8.2-11).
   - Es complicado mantener un equilibrio entre la gracia y la verdad. Cuando te esfuerzas por aceptar a otros, ¿tiendes a inclinarte más hacia la gracia o hacia la verdad? ¿Por qué o por qué no?

11. Vuelve a leer Romanos 15.7.
   - ¿Qué hacemos por Dios cuando nos aceptamos mutuamente?
   - ¿Cómo recibe alabanza Dios cuando nos aceptamos mutuamente?
   - ¿Cómo podría esto motivarte mientras trabajas para aceptar a los demás?

12. Practicar la empatía, como cuando leíste Lucas 5.29-31 desde tres diferentes perspectivas, puede resultar útil para aceptar a los demás. Max cita a Raleigh Washington, ministro afroamericano que dedicó gran parte de su vida a la reconciliación racial, diciendo que la afirmación más importante para construir un puente entre las divisiones raciales es: «Ayúdame a entender cómo es ser tú».
   - ¿Has considerado alguna vez cómo será para el leví de tu vida ser quién es?
   - ¿Podrías pedirle al leví de tu vida que te dijera cómo es ser él o ella?
   - ¿Cómo entender a esa persona te ayudaría a aceptarla?

9

Alza la voz

1. ¿Cómo reaccionas cuando «alguien te invita a compartir su dolor» (p. 125)?
   - ¿Das palabras de ánimo a esa persona? ¿La escuchas? ¿Le sirves?
   - ¿Por qué reaccionas así?
   - Cuando estás con dolor, ¿cómo quieres que reaccione la gente?
2. ¿Alguien te ha compartido su dolor y ha expresado que no cree que Dios traerá alivio a ese dolor? Si es así, ¿cómo respondiste?
   - ¿Le has contado a alguien que sientes dolor y crees que Dios no te ayudará?
   - ¿Cómo respondió esa persona?
   - ¿Te ayudó? Explica por qué o por qué no.
3. Cuando Jesús llegó cuatro días después de la muerte de Lázaro, Marta dijo: «Señor, si tan solo hubieras estado aquí, mi hermano no habría muerto…» (Juan 11.21, NTV). En Juan 11.25, 26, ¿cómo respondió Jesús a Marta?
4. La palabra griega traducida como «amonestar» es *noutheteó*,[3] la cual significa exhortar. Exhortar es animar con un llamado. Considera los siguientes versículos. Las palabras en negrita son todas traducciones de *noutheteó*:

   Colosenses 1.28 (NTV): «Por lo tanto, hablamos a otros de Cristo, **advertimos** a todos y enseñamos a todos con toda la sabiduría que

Dios nos ha dado. Queremos presentarlos a Dios perfectos en su relación con Cristo» (NTV).

Colosenses 3.16: « La palabra de Cristo more en abundancia en vosotros, enseñándoos y **exhortándoos** unos a otros en toda sabiduría, cantando con gracia en vuestros corazones al Señor con salmos e himnos y cánticos espirituales ».

1 Corintios 4.14-16 (NTV): «No les escribo estas cosas para avergonzarlos, sino para **advertirles** como mis amados hijos. Pues, aunque tuvieran diez mil maestros que les enseñaran acerca de Cristo, tienen solo un padre espiritual. Pues me convertí en su padre en Cristo Jesús cuando les prediqué la Buena Noticia. Así que les ruego que me imiten» (NTV).

- ¿Qué perspectivas sobre el propósito de amonestar proveen estos pasajes?
- ¿En qué se diferencian amonestar y simplemente animar a otro?
- ¿Has sido amonestado(a) alguna vez?
- ¿Qué te dijo esa persona y cómo te hizo sentir?

5. Antes de que Jesús fuera a Belén a visitar a Marta y a María, después de la muerte de Lázaro, ¿qué les dijo a sus discípulos? (Lee Juan 11.4).
- ¿Cuál dijo Jesús que era el propósito de la muerte de Lázaro?
- Entonces, ¿por qué pudo Jesús amonestar a Marta de la forma que lo hizo (Juan 11.25, 26) incluso antes de resucitar a Lázaro?

6. ¿Has vivido alguna tragedia que ahora ves como algo que fue, como dijo Jesús, «para la gloria de Dios»?
- ¿Qué fue lo que pasó y cómo se glorificó Dios?
- ¿Te ayudó esta experiencia a amonestar a otros cuando se encontraban frente a circunstancias trágicas? Si es así, ¿cómo te ayudó?

7. Es fácil amonestar a otros cuando nuestra fe es fuerte, pero ¿cómo podemos amonestar a alguien cuando nuestra fe es débil?

- ¿Has intentado animar al alguien en su fe cuando no estabas seguro(a) de la tuya? ¿Qué dijiste en esa ocasión?

- En Hebreos 4.12, 13 (PDT), dice: ««La palabra de Dios vive, es poderosa y es más cortante que cualquier espada de dos filos, penetra tan profundo que divide el alma y el espíritu, las coyunturas y los huesos, y juzga los pensamientos y sentimientos de nuestro corazón. No hay nada creado en el mundo que se puede esconder de Dios; todo está desnudo y expuesto a su vista. Es a él a quien tendremos que rendirle cuentas de nuestra de vida» (PDT). ¿Quién puede escaparse de la Palabra de Dios?

- ¿Cómo puedes usar la Palabra de Dios para amonestarte a ti mismo?

- ¿Tienes pasajes de emergencia como la lista de Max de este capítulo? Si es así, ¿cuáles son? Si no, ¿podrías escribir algunos versículos que consideres animadores?

8. ¿Cuál dice Max que era la labor de la iglesia?

- ¿Alguna vez te han guiado los miembros de tu comunidad a volver a la fe? ¿Cómo lo hicieron?

- ¿Conoces a alguien que podría necesitar ayuda para volver al camino de la fe? ¿Quién es? ¿Cómo podrías amonestar a esa persona esta semana?

10

Todos tenemos
un Macho

1. ¿Qué piensas de la frase *olvidar y perdonar*?
   - ¿Es este un lema de vida para ti?
   - ¿Crees que es posible?
   - En la vida, ¿has logrado olvidar y perdonar completamente?
   - Explica tus respuestas.

2. De acuerdo con este capítulo, ¿qué es lo que *no* hace el perdón? ¿Estás de acuerdo? ¿Por qué o por qué no?

3. Según lo descrito por Max, ¿qué es el perdón? ¿Es cómo veías el perdón en el pasado o difiere de tu definición de perdón? Si es así, ¿en qué difiere?

4. Según tu propia experiencia, ¿cómo sabes cuando has perdonado realmente a alguien? ¿Cómo sabes que no lo has perdonado?

5. Piensa en alguna ocasión en que hayas podido perdonar a alguien que te hirió. ¿Qué te hizo capaz de hacerlo?

6. Según un estudio de la Universidad de Duke, cuatro de ocho factores que promueven la estabilidad emocional están relacionados con el perdón:

   Evitar la suspicacia y el resentimiento.

   Dejar de vivir en el pasado.

No perder tiempo y energía luchando contra situaciones que no se pueden cambiar.

Rehusarse a caer en la autocompasión cuando se está frente a un trato injusto.

- ¿Con cuáles de estos factores luchas y por qué?
- ¿Cuáles de estos dirías tú que haces bien y por qué?

7. En Efesios 4.32, Pablo escribió: «Antes bien, sed benignos unos con otros, misericordiosos, perdonándoos unos a otros, como también Dios os perdonó a vosotros en Cristo».

- ¿Has experimentado el perdón de Cristo en tu vida?
- Si es así, ¿ha influido esto en cómo y por qué perdonas a los demás?
- Si no, ¿cómo te hace sentir que Cristo perdonó tu pecado? ¿Es fácil o difícil de aceptar? Explica tu respuesta.

8. En las páginas 143-144, lee la imaginería que Max hace de Juan 13.3-5. Léela con detención. Imagínate a ti mismo como uno de los personajes de la escena.

- ¿Qué detalles del pasaje sobresalen para ti y por qué?
- ¿Qué nos enseña el pasaje de Jesús?

9. Lee Juan 18.2-5, 15-17. Jesús lavó los pies de Judas y Pedro sabiendo que lo traicionarían.

- ¿Qué te dice esto de la naturaleza del perdón de Cristo?
- ¿Qué te dice esto de cómo Cristo te perdonó?
- ¿Qué te dice esto del perdón que Cristo ofrece a las personas que han sido difíciles de perdonar para ti?

10. ¿Qué instrucción dio Jesús a sus discípulos justo después de lavarles los pies? (Lee Juan 13.14, 15).

- Considerando este pasaje, piensa en alguna persona a quien sabes que necesitas perdonar pero a quien todavía no perdonas.

- ¿Cuál es tu motivación para perdonar a esa persona?
- ¿Cómo podría ayudarte a perdonar a esa persona el estar consciente del perdón que tú recibiste?

11. Con la misma persona en mente, piensa en los pasos que Max sugirió para perdonar:

    Determina lo que necesitas perdonar.

    Pregúntate por qué te hiere.

    Llévalo a Jesús.

    Dilo a la persona que te ofendió.

    Ora por quien te ofendió.

    Haz un funeral.

    - ¿Cuál de estos pasos ya diste?
    - ¿Cuáles necesitar dar todavía? ¿Qué te detiene?
    - ¿Cómo puede contribuir a tu felicidad el perdonar a esta persona?
    - ¿Cómo puede robarte la felicidad el no perdonarla?

12. El libro de Efesios, originalmente, fue una carta que Pablo escribió a una comunidad de la iglesia. Esto sugiere que la instrucción de perdonar no es solo para los individuos, sino también para la iglesia como cuerpo.

    - ¿Qué estaba viviendo esta comunidad para que Pablo les diera esas instrucciones en Efesios 4.32?
    - ¿Cómo puede afectar el perdón a toda una comunidad?
    - ¿Cómo puede afectar la falta de perdón a toda una comunidad?
    - ¿Cómo el ser parte de una comunidad nos ayuda a perdonarnos mutuamente?

11

Sé amado, luego ama

1. Max inicia el capítulo con la historia de Andrea Mosconi. ¿Qué tarea le habían encomendado a Mosconi? ¿Qué tarea similar a esta se nos ha encomendado a nosotros?

2. Menciona a alguien que saque lo mejor de ti y cómo lo logra.

3. Tal vez el mandamiento más grande que Jesús nos haya dado se encuentre en Juan 13.34, cuando dijo: «Un mandamiento nuevo os doy: «Que os améis unos a otros; como yo os he amado, que también os améis unos a otros». Junto con este versículo, considera los siguientes pasajes:

   Romanos 13.8: «No debáis a nadie nada, sino el amaros unos a otros; porque el que ama al prójimo, ha cumplido la ley».

   1 Juan 4.11: «Amados, si Dios nos ha amado así, también nosotros debemos amarnos unos a otros».

   - ¿Qué dicen estos versículos en cuánto a cómo y por qué debemos amarnos los unos a los otros?

   - Con tus propias palabras, describe lo que significa y cómo se ve amar a otra persona.

   - En estos tres versículos, la palabra griega traducida como *amor* es *ágape*. ¿Qué significa *ágape*?

- ¿Cómo te ayuda esta palabra a definir lo que quiso decir Jesús con que debemos amarnos mutuamente?

4. En este capítulo, Max presenta una pregunta importante: «¿Has dejado que Dios te ame? (p. 157):

- ¿Cuál es tu respuesta a esta pregunta?
- Si es afirmativa, ¿cómo sientes el amor de Dios?
- Si es negativa, explica tu respuesta.
- Si no estás seguro, describe lo que te genera inseguridad.

5. No podemos amarnos completamente entre nosotros hasta que aceptemos el amor de Cristo. Cuando vivimos el amor del Salvador, podemos amar a los demás.

- ¿Te ha ayudado a amar a los demás el aceptar el amor de Dios? Si es así, ¿cómo te ha ayudado?
- ¿Has intentado amar a alguien cuando no te sentías amado(a)? ¿Cómo fue esa experiencia?

6. Lee los siguientes versículos: Deuteronomio 7.7-9; Romanos 5.8; Efesios 2.8-10.

- De acuerdo a estos pasajes, ¿por qué nos ama Dios?
- ¿Por qué Jesús murió por nosotros?
- ¿Crees que Dios te ama simplemente porque Dios te escogió o te esfuerzas para ganar la aprobación y el favor de Dios y el de otras personas?
- ¿Conoces a alguien que viva como si fuera amado(a) por Dios? ¿Qué indica que esta persona se siente amada?

7. Piensa en una persona o en un grupo de personas que, para ti, sean difíciles de amar.

- ¿Cómo podría el amor de Dios por ti ayudarte a amar a esta(s) persona(s)?
- ¿Cómo el amarla(s) traería felicidad a tu vida?

---

8. En el libro *Tú eres mi amado*, Henri Nouwen escribe sobre lo difícil que nos resulta creer que somos amados por Dios. Para ayudarnos con esto, el autor sugiere que convirtamos en una práctica sentarnos en silencio y escuchar la voz de Dios.

«No es fácil entrar en el silencio y llegar más allá de las muchas voces tumultuosas y exigentes de nuestro mundo», escribe Nouwen. Pero si lo haces, dice el autor, no encontrarás una voz reprendedora que te castigue o esté descontenta contigo. En lugar de eso, descubrirás «la voz suave, íntima, que nos dice: "Eres mi hijo amado, en ti me complazco"... si nos atrevemos a abrazar nuestra soledad y a amar nuestro silencio, llegaremos a conocer esta voz».[4]

- ¿Qué crees que te diría Dios si pasaras tiempo en silencio en su presencia?
- ¿Te incomoda pensar en eso? ¿Por qué o por qué no?
- ¿Podrías confiar en lo que dice Nouwen en este párrafo y creer que Dios te llamará su Hijo amado?
- Pasa tiempo en silencio hoy y escucha la voz de Dios, quien simplemente te dice: «Te amo».

Desafíate a ser feliz

1. Max te desafía a hacer feliz a cien personas durante los próximos cuarenta días.
   - ¿Estás dispuesto(a) a comprometerte con este desafío?
   - ¿Hay algo de este desafío que te haga titubear? Si es así, ¿qué es?
   - ¿Hay algo de este desafío que te entusiasme? Si es así, ¿qué es?
2. En este libro, aprendiste diez formas distintas de hacer feliz a los demás y, como resultado, ser feliz tú también:

   Evalúa tu nivel de felicidad actual. En una escala del uno al diez, ¿qué tan feliz dirías que eres?

   Durante unos minutos, piensa en cinco personas a las que te gustaría hacer más feliz en los próximos cuarenta días. Escribe sus nombres y lo que harías para hacerlas felices usando los pasajes de reciprocidad.

   Después de terminar el desafío de la felicidad, considera las siguientes preguntas:
   - ¿Cómo está tu nivel de felicidad en comparación con lo que era antes del desafío?
   - Para ti, ¿cuál fue la parte más memorable del desafío y por qué?
   - ¿Qué cosas te resultaron difíciles del desafío y por qué?
   - ¿Qué podrías hacer para que esta felicidad fuese parte de tu diario vivir?

Notas

Capítulo 1: Una puerta inesperada hacia la alegría

1. «Mr. Happy Man—Johnny Barnes», YouTube, https://www.youtube.com/ watch?v=v_EX5NzqNXc. Ver también Jarrod Stackelroth, «Mr Happy Man», *Adventist Record* (21 julio 2016), https://record.adventistchurch. com/2016/07/21/mr-happy-man/.
2. Kathy Caprino, «The Top 10 Things People Want in Life but Can't Seem to Get», *Huffington Post* (6 diciembre 2017), https://www.huffingtonpost.com/ kathy-caprino/the-top-10-things-people-_2_b_9564982.html.
3. David Shimer, «Yale's Most Popular Class Ever: Happiness», *New York Times* (26 enero 2018), https://www.nytimes.com/2018/01/26/nyregion/at-yale-class-on-happiness-draws-huge-crowd-laurie-santos.html.
4. Sonja Lyubomirsky, *The How of Happiness: A Practical Approach to Getting the Life You Want* (Londres: Piatkus, 2007), p. 25 [*La ciencia de la felicidad: un método probado para conseguir bienestar* (Barcelona: Urano, 2008)].
5. Ed Diener, Carol Nickerson, Richard E. Lucas, Ed Sandvik, «Dispositional Affect and Job Outcomes», *Social Indicators Research* 59, n.º 3 (septiembre 2002): pp. 229-59, https://link.springer.com/article/10.1023/A:1019672513984.

6. Shana Lebowitz, «A New Study Finds a Key Component of Effective Leadership Is Surprisingly Simple», *Business Insider*, 20 agosto 2015, http://www.businessinsider.com/why-happy-people-are-better-leaders-2015–8.

7. Alexandra Sifferlin, «Here's How Happy Americans Are Right Now», *Time*, 26 julio 2017, http://time.com/4871720/how-happy-are-americans/.

8. Lyubomirsky, *The How of Happiness*, p. 37.

9. Pamela Cowan, «Depression Will Be the Second Leading Cause of Disease by 2020: WHO», *Calgary Herald*, 7 octubre 2010, http://www.calgaryherald.com/health/Depression+will+second+leading+cause+disease+2020/3640325/story.html.

10. Jean M. Twenge, «Why Adults Are Less Happy Than They Used to Be: But Young People Are Happier», *Psychology Today*, 6 noviembre 2015, https://www.psychologytoday.com/blog/our-changing-culture/201511/why-adults-are-less-happy-they-used-be.

11. Lyubomirsky, *The How of Happiness*, pp. 20-21.

12. Melissa Dahl, «A Classic Psychology Study on Why Winning the Lottery Won't Make You Happier», *The Cut*, 13 enero 2016, https://www.thecut.com/2016/01/classic-study-on-happiness-and-the-lottery.html.

13. Daniel Kahneman, y Angus Deaton, «High Income Improves Evaluation of Life but Not Emotional Well-Being», PNAS, 4 agosto 2010, p. 3, http://www.pnas.org/content/early/2010/08/27/1011492107.

14. Ed Diener, Jeff Horwitz y Robert A. Emmons, «Happiness of the Very Wealthy», *Social Indicators Research* 16, pp. 263–74, https://emmons.faculty.ucdavis.edu/wp-content/uploads/sites/90/2015/08/1985_1happiness-wealthy.pdf.

15. Carey Goldberg, cita a Daniel Gilbert, «Too Much of a Good Thing», *Boston Globe*, 6 febrero 2006, http://archive.boston.com/yourlife/health/mental/articles/2006/02/06/too_much_of_a_good_thing/.

16. Berkeley Wellness, «What Is the Science of Happiness?», 9 noviembre 2015, http://www.berkeleywellness.com/healthy-mind/mind-body/article/what-science-happiness.

17. Lyubomirsky, *The How of Happiness*, p. 23.

18. Randy Alcorn, *Happiness* (Carol Stream, IL: Tyndale, 2015), p. 19 [*Alegría* (Carol Stream, IL: Tyndale, 2016)].

Capítulo 2: ¡Chócalas, Rocky!

1. W. E. Vine, *Diccionario expositivo de palabras del Antiguo y del Nuevo Testamento Exhaustivo* (Nashville: Grupo Nelson, 2007), «Consolar, Consolación, Consolador», p. 195.

2. Vine, *Diccionario expositivo*, «Animar, Ánimo», p. 60.

3. Hara Estroff Marano, «Marriage Math», *Psychology Today*, 16 marzo 2004, https://www.psychologytoday.com/us/articles/200403/marriage-math.

4. Jack Zenger y Joseph Folkman, «The Ideal Praise-to-Criticism Ratio», *Harvard Business Review*, 15 marzo 2013, https://hbr.org/2013/03/the-ideal-praise-to-criticism.

5. Lynne Malcolm, «Scientific Evidence Points to Importance of Positive Thinking», *ABC RN*, 17 junio 2015, http://www.abc.net.au/radionational/programs/allinthemind/the-scientific-evidence-for-positive-thinking/6553614.

6. Citado en Alan Loy McGinnis, *The Friendship Factor: How to Get Closer to the People You Care For* (Minneapolis: Augsburg, 1979), p. 69 [*El factor Amistad. Cómo acercarnos a las personas que nos interesan* (Bogotá: San Pablo, 2006)].

7. Andrew Shain, «As He Heads to the U.S. Senate, Tim Scott Praises Early Mentor», *Beaufort Gazette*, 2 julio 2013, http://www.islandpacket.com/news/local/community/beaufort-news/article33492450.html.

8. Vine, *Diccionario expositivo*, «Considerar», p. 194.

9. Gary Smalley y John Trent, *Leaving the Light On: Building the Memories That Will Draw Your Kids Home* (Sisters, OR: Multnomah, 1994), pp. 27-28.

10. McGinnis, *The Friendship Factor*, p. 95.

Capítulo 3: No te encariñes con tus aversiones

1. Vine, *Diccionario expositivo*, «Paciencia, paciente (ser, mostrarse)», «longanimidad», pp. 618-19, 511.

2. David Hocking, «The Patience of God», *Blue Letter Bible*, https://www.blueletterbible.org/comm/hocking_david/attributes/attributes14.cfm.

3. Citado en McGinnis, *The Friendship Factor, How to Get Closer to the People You Care* For (Minneapolis> Augsburg, 1979), p. 69.

4. Relato aportado por Alice H. Cook, *Reader's Digest*, diciembre 1996, p. 140.

Capítulo 4: La dulzura del segundo lugar

1. Hannah Whitall Smith, *The Christian's Secret of a Holy Life: The Unpublished Personal Writings of Hannah Whitall Smith*, ed. Melvin E. Dieter (Grand Rapids: Zondervan, 1994), pp. 10-11.

Capítulo 5: El fino arte de saludar

1. Deborah Norville, *The Power of Respect: Benefit from the Most Forgotten Element of Success* (Nashville: Thomas Nelson, 2009), pp. 6-8.
2. John Henry Jowett, *The Best of John Henry Jowett*, ed. Gerald Kennedy (Nueva York: Harper and Brothers, 1948), p. 89, https://archive.org/stream/bestofjohnhenryj012480mbp/bestofjohnhenryj012480mbp_djvu.txt).
3. Lyubomirsky, *The How of Happiness: A Practical Approach to Getting the Life You Want* (Londres: Piatkus, 2007), pp. 150-51.
4. Kasley Killam, «A Hug a Day Keeps the Doctor Away», *Scientific American*, 17 marzo 2015, https://www.scientificamerican.com/article/a-hug-a-day-keeps-the-doctor-away/.
5. John Stott, *Romans: God's Good News for the World* (Downers Grove, IL: InterVarsity, 1994), p. 395.
6. «Aristóbulo», *Biblia.Work*, https://www.biblia.work/diccionarios/aristobulo/.
7. E. Badian, «Narcissus: Roman Official», *Encyclopaedia Britannica*, http://www.britannica.com/biography/narcissus-roman-official.
8. Se cree esto porque Marcos, cuyo evangelio fue escrito en Roma y para Roma, es el único evangelista que menciona los nombres de los hijos de Simón y lo hace insinuando que ya son personas conocidas. Ver Marcos 15.21.
9. «Sumter County Church Chronology», entrada junio 1965, http://www.sumtercountyhistory.com/church/SC_ChurchChr.htm.

Capítulo 6: Una postura poderosa

1. «Science Proves the Healing Power of Prayer», *NewsmaxHealth*, 31 marzo 2015, https://www.newsmax.com/health/headline/prayer-health-faith-medicine/2015/03/31/id/635623/.
2. Eben Alexander, *Proof of Heaven: A Neurosurgeon's Journey into the Afterlife* (Nueva York: Simon & Schuster, 2012), pp. 38, 45-46, 103 [*La prueba del cielo. El viaje de un neurocirujano a la vida después de la muerte* (Nueva York: Simon & Schuster, 2012)].
3. Dan Pratt, *Tears on the Church House Floor* (Bloomington, IN: WestBow, 2018), pp. 74-76.

Capítulo 7: Sirve tú

1. «The United Healthcare/Volunteer Match Do Good Live Well Study», marzo 2010: pp. 19, 33, 43, https://cdn.volunteermatch.org/www/about/ UnitedHealthcare_VolunteerMatch_Do_Good_Live_Well_Study.pdf.
2. Bernard Rimland, «The Altruism Paradox», *Psychological Reports* 51, n.º 2 (octubre 1982): pp. 521–22, http://www.amscie.pub.com/doi/abs/10.2466/ pr0.1982.51.2.521, citado en Randy Alcorn, *Happiness* (Carol Stream, IL: Tyndale, 2015), p. 291.

Capítulo 8: Cosas incómodas

1. W. E. Vine, *Diccionario expositivo de palabras del Antiguo y del Nuevo Testamento Exhaustivo* (Nashville: Caribe, 1999), «Fariseos», p. 959.
2. Stott, *Romans: God's Good News for the World*, (Downers Grove, IL: InterVarsity, 1994), p. 359.
3. Me lo contó en persona y lo usé con permiso.
4. Citado en McGinnis, *The Friendship Factor: How to Get Closer to the People You Care For* (Minneapolis: Augsburg, 1979) p. 70.
5. Correo electrónico enviado a mi casilla por Brian Reed, el 21 de febrero de 2016. Usado con permiso.
6. Mark Rutland, *Streams of Mercy: Receiving and Reflecting God's Grace* (Ann Arbor, MI: Servant Publications, 1999), p. 39.

Capítulo 9: Alza la voz

1. W. E. Vine, *Diccionario expositivo de palabras del Antiguo y del Nuevo Testamento Exhaustivo* (Nashville: Grupo Nelson, 2007), «Amonestación, Amonestar», p. 53.

Capítulo 10: Todos tenemos un Macho

1. «Peace of Mind», estudio sociológico llevado a cabo por la Universidad de Duke, citado en Rudy A. Magnan, *Reinventing American Education: Applying Innovative and Quality Thinking to Solving Problems in Education* (Bloomington, IN: Xlibris, 2010), p. 23. Estos son los otros cuatro: 1. Permanecer involucrado en el mundo de los vivos. 2. Cultivar las virtudes anticuadas del amor, el humor, la compasión y la lealtad. 3. No esperar mucho de uno mismo. 4. Creer en algo más grande que uno mismo.
2. Charlotte vanOyen Witvliet, Thomas E. Ludwig y Kelly L. Vander Laan, «Granting Forgiveness or Harboring Grudges: Implications for Emotion,

Physiology, and Health», *Psychological Science* 12, n.º 2 (marzo 2001): pp. 117-23, https://greatergood.berkeley.edu/images/uploads/VanOyenWitvliet-GrantingForgiveness.pdf.

3. «John Wesley», Bible.org, https://bible.org/illustration/john-wesley-1.
4. Jayson Casper in Cairo, «Forgiving ISIS: Christian "Resistance" Videos Go Viral in Arab World», ChristianityToday.com, 17 marzo 2015, http://www. christianitytoday.com/gleanings/2015/march/forgiving-isis-christianresistance- viral-video-sat7-myriam.html.

Capítulo 11: Sé amado, luego ama

1. Ian Fisher, «Fingers That Keep the Most Treasured Violins Fit», *New York Times*, 3 junio 2007, https://www.nytimes.com/2007/06/03/world/europe/03cremona.html. Ver también Martin Gani, «The Violin-Makers of Cremona», *Italy Magazine*, 20 enero 2012, http://www.italymagazine.com/featured-story/violin-makers-cremona.
2. W. E. Vine, *Diccionario expositivo de palabras del Antiguo y del Nuevo Testamento Exhaustivo* (Nashville: Caribe, 1999), «Amar, Amor», p. 487.
3. W. E. Vine, *Diccionario expositivo de palabras del Antiguo y del Nuevo Testamento Exhaustivo*, «Hechura», p. 418.

El siguiente paso

1. John Feinstein, «How Jake Olson of USC Became the Most Famous Long Snapper in College Football», *Washington Post*, 5 septiembre 2017, https://www.washingtonpost.com/sports/colleges/how-jake-olson-of-usc-became-the-most-famous-long-snapper-in-college-football/2017/09/05/900672f0-923a-11e7-8754-d478688d23b4_story.html?utm_term=.8802bb9dbe6e.

Preguntas para reflexionar

1. Bible Study Tools, s. v. «parakaleo», https://www.biblestudytools.com/lexicons/greek/kjv/parakaleo.html.
2. Craig S. Keener, *The IVP Bible Background Commentary: New Testament* (Downers Grove, IL: InterVarsity, 1993), p. 448.
3. «3560. Noutheteó», Bible Hub, https://biblehub.com/greek/3560.htm.
4. Henri J. M. Nouwen, *Life of the Beloved: Spiritual Living in a Secular World* (Nueva York: Crossroad Publishing, 1992), p. 77 [*Tú eres mi amado: la vida espiritual en un mundo secular* (Madrid: PPC, 1996)].

La guía del lector de Lucado

Descubre... dentro de cada libro por Max Lucado, vas a encontrar palabras de aliento e inspiración que te llevarán a una experiencia más profunda con Jesús y encontrarás tesoros para andar con Dios. ¿Qué vas a descubrir?

3:16, Los números de la esperanza

...las 28 palabras que te pueden cambiar la vida.

Escritura central: Juan 3.16

Acércate sediento

...cómo rehidratar tu corazón y sumergirte en el pozo del amor de Dios.

Escritura central: Juan 7.37–38

Aligere su equipaje

...el poder de dejar las cargas que nunca debiste cargar.

Escritura central: Salmo 23

Aplauso del cielo

...el secreto a una vida que verdaderamente satisface.

Escritura central: Las Bienaventuranzas, Mateo 5.1–10

Como Jesús

...una vida libre de la culpa, el miedo y la ansiedad.

Escritura central: Efesios 4.23–24

Cuando Cristo venga

...por qué lo mejor está por venir.

Escritura central: 1 Corintios 15.23

Cuando Dios susurra tu nombre

...el camino a la esperanza al saber que Dios te conoce, que nunca se olvida de ti y que le importan los detalles de tu vida.

Escritura central: Juan 10.3

Cura para la vida común

...las cosas únicas para las cuales Dios te diseñó para que hicieras en tu vida.

Escritura central: 1 Corintios 12.7

Él escogió los clavos

...un amor tan profundo que escogió la muerte en una cruz tan solo para ganar tu corazón.

Escritura central: 1 Pedro 1.18–20

El trueno apacible

...el Dios que hará lo que se requiera para llevar a sus hijos de regreso a él.

Escritura central: Salmo 81.7

En el ojo de la tormenta

...la paz durante las tormentas de tu vida.

Escritura central: Juan 6

En manos de la gracia

...el regalo mayor de todos, la gracia de Dios.

Escritura central: Romanos

Enfrente a sus gigantes

...cuando Dios está de tu parte, ningún desafío puede más.

Escritura central: 1 y 2 Samuel

Gran día cada día

...cómo vivir con propósito te ayudará a confiar más y experimentar menos estrés.

Escritura central: Salmo 118.24

La gran casa de Dios

...un plano para la paz, el gozo y el amor que se encuentra en el Padre Nuestro.

Escritura central: El Padre Nuestro, Mateo 6.9–13

Más allá de tu vida

...un Dios grande te creó para que hicieras cosas grandes.

Escritura central: Hechos 1

Mi Salvador y vecino

...un Dios que caminó las pruebas más difíciles de la vida y todavía te acompaña en las tuyas.

Escritura central: Mateo 16.13–16

Sin temor

...cómo la fe es el antídoto al temor en tu vida.

Escritura central: Juan 14.1, 3

Todavía remueve piedras

...el Dios que todavía obra lo imposible en tu vida.

Escritura central: Mateo 12.20

Un amor que puedes compartir

...cómo vivir amado te libera para que ames a otros.

Escritura central: 1 Corintios 13

Lecturas recomendadas si estás luchando con...

EL TEMOR Y LA PREOCUPACIÓN

Acércate sediento
Aligere su equipaje
Mi Salvador y vecino
Sin temor

EL DESÁNIMO

Mi Salvador y vecino
Todavía remueve piedras

LA MUERTE DE UN SER QUERIDO

Aligere su equipaje
Cuando Cristo venga
Cuando Dios susurra tu nombre
Mi Salvador y vecino

LA CULPA

Como Jesús
En manos de la gracia

EL PECADO

Él escogió los clavos
Enfrente a sus gigantes

EL AGOTAMIENTO

Cuando Dios susurra tu nombre

Lecturas recomendadas si quieres saber más acerca de...

LA CRUZ
Él escogió los clavos

LA GRACIA
Él escogió los clavos
En manos de la gracia

EL CIELO
El aplauso del cielo
Cuando Cristo venga

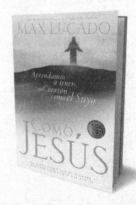

Lecturas recomendadas si estás buscando más...

CONSUELO
Aligere su equipaje
Él escogió los clavos
Mi Salvador y vecino

COMPASIÓN
Más allá de tu vida

VALOR
Enfrente a sus gigantes
Sin temor

ESPERANZA
3:16, Los números de la
esperanza
El trueno apacible
Enfrente a sus gigantes

GOZO
Aplauso del cielo
Cuando Dios susurra tu nombre
Cura para la vida común

AMOR
Acércate sediento
Un amor que puedes compartir

PAZ
Aligere su equipaje
En el ojo de la tormenta
La gran casa de Dios

SATISFACCIÓN
Acércate sediento
Cura para la vida común
Gran día cada día

CONFIANZA
Mi Salvador y vecino
El trueno apacible

¡Los libros de Max Lucado son regalos espectaculares!

Si te estás acercando a una ocasión especial,
considera uno de estos.

PARA ADULTOS:
Gracia para todo momento
Un cafecito con Max

PARA NIÑOS:
El corderito tullido
Hermie, una oruga común
Por si lo querías saber

PARA LA NAVIDAD:
El corderito tullido
Dios se acercó

NOV -- 2019